Gott hat mehr für dich!

Ermutigendes, Visionsgebendes und Auferbauendes für deinen Alltag

BAND 1

Sigrid Baron

Gottes Haus
Der Ermutigungsdienst

Text: Sigrid Baron
Lektorat: Siglinde Rüppel
Grafik: Isabelle Brasche · www.macbelle.de
Satz: Roland Senkel · www.pixxelwahnsinn.de
Fotos: bigstockphoto.com, verenahahnelt.de, privat

In diesem Buch werden mit Ausnahme der Bibelzitate die Begriffe „teufel", „satan", „feind" usw. kleingeschrieben.

1. Auflage 2018
ISBN 978-3-943033-29-8

info@gottes-haus.de
www.gottes-haus.de

Widmung

Ich widme dieses Buch den treuen Freunden, Betern, Spendern und Unterstützern unseres Dienstes „Gottes Haus“.

Es ist ein Vorrecht, gemeinsam mit euch in der großen Vision unterwegs zu sein, das Reich Gottes in der deutschsprachigen Welt zu bauen, damit:

- *immer mehr Menschen die Botschaft der Rettung, Wiederherstellung, Heilung und Befreiung in Jesus Christus hören;*
- *immer mehr Menschen Gott real begegnen und das empfangen, was er an Segnungen für sie vorbereitet hat;*
- *immer mehr Menschen Motivation, Inspiration und Vision für ihr Leben empfangen und*
- *immer mehr Menschen erfahren:*

Gott hat mehr für dich!

Sigrid Baron

Inhaltsverzeichnis

So spricht der HERR zu euch:
Fürchtet euch nicht
und seid ***nicht niedergeschlagen***
vor dieser großen Menge!
Denn der Kampf ist nicht eure Sache,
sondern Gottes!

2.Chronik 20,15

Einleitung

Die Sache mit der Ermutigung

Vor vielen Jahren hatte mein Mann Martin eine Vision, die unser Leben stark geprägt und unseren Dienst bestimmt hat. Er sah ein gigantisches Schlachtfeld vor sich. Überall waren Rauchschwaden, zerbrochene Waffen, Scherben und Spuren von heftigem Kampf zu finden. Auf dem ganzen Feld verteilt waren Menschen zu sehen – Christen, Kinder Gottes –, die in den heftigen Kämpfen niedergeschlagen worden waren. Sie saßen zusammengekauert auf dem Boden, den Blick nach unten gerichtet. Überwältigt, hoffnungslos und enttäuscht. Sie waren nicht tot und auch nicht so stark verletzt, dass sie im Sterben lagen oder auch nur kampfunfähig gewesen wären, sondern sie waren durch die Attacken und Raubzüge des feindes in ihrem Leben, aber auch durch ihr eigenes Denken und Sprechen besiegt. Sie waren niedergeschlagen, gebeugt, verzweifelt, am Boden zerstört und hatten dennoch ihre Waffen in greifbarer Nähe um sich liegen, oft nur eine Armlänge entfernt. Der Herr eröffnete in der Vision Seinen Auftrag an uns. Wir sollten zu den Menschen gehen. Wir sollten sie durch Sein Wort ermutigen, den Blick wieder aufzurichten, auf den Herrn der Herren zu blicken, ihn anzuschauen, sich zu erheben und die Waffen wieder neu für den König zu ergreifen. Wir sollten sie anspornen und dabei helfen, wieder in Position zu kommen, den Fokus zu ändern und erneut in den Kampf, der jedem von uns verordnet ist,[1] hineinzugehen. Oft würden auch eine deutliche Ermahnung und ein klares Wort notwendig sein, um die Kämpfer wieder aus ihrer Niederlage aufzurütteln. Doch fast alle ließen sich aufrichten und gingen erneut und gestärkt wieder in den Kampf hinein.

---

1 1.Timotheus 6,12

Dieses visionäre Bild veranlasste uns, unseren Dienst „Gottes Haus" als ‚Ermutigungsdienst' zu beschreiben. Der Fokus unserer Arbeit liegt darauf, Menschen zu ermutigen, ihren Blick wieder auf Jesus zu richten, Sein Eingreifen konkret in ihrem Leben zu erwarten und mit Ihm auf dem Weg ihres Lebens weiterzugehen.

Mir ist wichtig, dass du weißt, dass dies weder eine schlaue Marketing-Idee noch ein Konzept nach dem Motto „Wie baue ich mir einen christlichen Dienst auf" war. Wir haben uns das nicht ausgedacht und nicht ausgesucht. Es ist etwas, was über viele Jahre entstanden und gewachsen ist. Wir sind in unserem Leben durch zahlreiche Herausforderungen und Notsituationen gegangen, vom Verlust unserer Existenzgrundlage über lebensbedrohliche Krankheitszeiten bis hin zu menschlich gesehen unerklärlichen Gebrechen. Wir wurden in unserem unmittelbaren Umfeld mit Sucht, Lüge, Betrug, Raub, Suizid-Gefahr, scharfer Ablehnung, Missachtung, Unfällen und vielem mehr konfrontiert. Und ohne dass wir uns dessen wirklich bewusst waren, entwickelten wir uns zu Kämpfern, zu Menschen, die gegen die scheinbare Übermacht der Schwierigkeiten und Herausforderungen einen festen Standpunkt beziehen mussten. Wir wurden zu Leuten, die lernten (und immer weiter lernen), sich auf dem Schlachtfeld der Probleme des Lebens zu bewegen und ihre Position einzunehmen. Wir wollten nicht zu Boden geschlagen und enttäuscht irgendwo herumhocken. Es ist keine Lösung, entmutigt auf sich selbst und die so ausweglos scheinende Situation zu schauen. Es ist keine Lösung, frustriert vor der Bedrängnis und den Problemen zu kapitulieren. Das bietet keinerlei Ausweg. Wir müssen – und ich meine wirklich: müssen! – den Blick erheben und auf unseren Herrn und Retter schauen:

Deshalb lasst nun auch uns, da wir eine so große Wolke von Zeugen um uns haben, jede Bürde und die uns so leicht umstrickende Sünde ablegen und mit Ausdauer laufen den vor uns liegenden Wettlauf, indem wir ***hinschauen auf Jesus****, den Anfänger und Vollender des Glaubens … damit ihr nicht ermüdet und in euren Seelen ermattet!*
Hebräer 12,1-3

Für mich war in den zahlreichen Kämpfen meines Lebens wie kaum etwas anderes mein treuester Begleiter, meine beste Waffe und mein größter Schatz das Wort Gottes, die Bibel. Ich liebe dieses kostbare, einzigartige und durch nichts zu ersetzende Buch voller Leben, Weisheit und Hilfe. Manchmal, in Zeiten besonders großer Anfechtungen, schlief ich mit meiner Bibel auf meiner Brust, hielt sie fest an mich gedrückt, wie ein Kämpfer, der sein Schwert nicht aus der Hand legt. Ich habe sie eigentlich immer greifbar in meiner Nähe. Denn ich brauche sie. Ich kann nicht auf sie verzichten, nicht einen einzigen Tag. Und ich habe immer einige gute geistliche Bücher, oder auch nur kleine ‚Wahrheit-Gottes-Büchlein', die gut in meine Handtasche passen. Wenn ich beispielsweise in einem Wartezimmer sitze (was ich in meinem Leben wahrlich viel zu oft getan habe), dann lese ich nicht die dort ausliegenden Illustrierten, die sich mit den nichtigen Belanglosigkeiten dieser Welt beschäftigen, sondern ich greife zu einem solchen Büchlein, das mir hilft, den Blick inmitten dieser Atmosphäre von Krankheit und Bedrängnis in die richtige Richtung zu lenken und meinen Fokus auszurichten, um in meinen Gedanken in der bedrückenden, ungewissen oder bedrohlichen Situation klar zu bleiben. Oft, sehr oft, sind mir Bücher über den Glauben zu einem unbezahlbaren Segen geworden.

Und genau deshalb habe ich dieses Buch für dich geschrieben.

Für mich ist dieses Buch zum einen wie ein persönliches ‚Schatzkästchen' von mir, das ich dir öffnen möchte, zu dem ich dir den Schlüssel überreiche und in dem du stöbern kannst. Es ist eine Sammlung kleiner und großer Kostbarkeiten, gut zu lesender, überschaubarer Texte und Gedanken für deinen ganz „alltäglichen Alltag" und für Zeiten, in denen du etwas Ermutigendes, Visionsgebendes und Auferbauendes brauchst. Die Texte sollen dir Hilfe und Unterstützung für deinen ganz persönlichen Kampf sein.

Zahlreiche Menschen fühlen sich in ihren problematischen Lebensumständen wie auf verlorenem Posten und sind von den Schwierigkeiten, die ihnen entgegenstehen, wirklich zermürbt und ausgebremst. Nicht wenige fühlen sich so, als ob es um ihr blankes geistliches Überleben geht. Gehörst du vielleicht dazu? Genau dann brauchst du Zuspruch, Fokus, Ausrichtung. Sei dir sicher: Gott hält viel mehr für dich bereit. Er will dich erlösen, befreien, heilen, beschenken, segnen und dir real begegnen. Du darfst und kannst siegreich sein und in die umfassende Fülle des Segens und der Versorgung Gottes hineinkommen.

Ich bin sicher, dass der Heilige Geist dich leiten wird, immer wieder genau den Zuspruch zu finden, den du gerade in deiner jeweiligen Situation brauchst. Es sind Texte, die mir persönlich etwas bedeuten und die aus Zeiten des Gebets heraus entstanden sind. Es sind Worte, die der Herr in meinem Herzen bewegt hat und die, dafür glaube und bete ich, auch dich berühren und segnen werden.

Das Allerwichtigste, was ich dir weiterzugeben habe, ist der zentrale Satz und das Herzstück unseres Dienstes „Gottes Haus“ … und es ist der Titel dieses Buches:

Gott hat mehr für dich!

Deine Sigrid

Bitte beachte die Aufstellung „Wer ich gemäß dem Neuen Testament bin“ am Ende des Buches. Es ist eine Auswahl neutestamentlicher Kernaussagen zu deiner Position und Identität als wiedergeborener Christ.

Edelsteine aus dem Schatzhaus Gottes

Ich spreche mit vielen Menschen und stelle immer wieder fest, dass es eine Parallele gibt zwischen dem, wie es ihnen im Geistlichen geht und dem, was ihnen im Natürlichen widerfährt. Manchen geht es einfach nur deshalb schlecht, weil sie das Wort Gottes nicht wirklich in ihrem Leben eingepflanzt haben. Es ist nicht lebendig und wirksam in ihnen.

Ich möchte dir deshalb heute das kostbare Wort Gottes ans Herz legen. Für mich ist es das Schatzhaus Gottes, aus dem ich Edelsteine für mich holen kann. Dinge, die ich so dringend für mein Leben brauche wie zum Beispiel Kraft, Stärke, Glauben, Zuversicht, Mut und Hoffnung, kommen alle aus dem Wort Gottes.

Christliche Bücher ersetzen niemals das Wort Gottes. So viele Menschen haben Ausreden, warum sie sich nicht mit Gottes Wort beschäftigen. Wenn du mit dem Lesen der Bibel Schwierigkeiten hast, dann bitte den Heiligen Geist, dass Er dir Sein Wort aufschließt, so dass du es verstehen kannst. Er will die Schätze aus dem Schatzhaus Gottes ganz real in dein Leben bringen.

Und nun befehle ich euch Gott und dem ***Wort*** *seiner Gnade,* ***das die Kraft hat, aufzuerbauen*** *und ein Erbe unter allen Geheiligten zu geben.*
Apostelgeschichte 20,32

Denn das ***Wort*** *vom Kreuz ist denen, die verloren gehen, Torheit; uns aber, die wir gerettet werden, ist es* ***Gottes Kraft****.*
1.Korinther 1,18

„Hab Glauben, mein Kind!"

Es war früh am Morgen, der Tag begann in nebligem Grau. Ich hörte die ersten Töne der Vögel, was mich nicht gerade heiter stimmte. Im Gegenteil, ihr Gezwitscher empfand ich als störend und schrill. Es hatten sich wieder einmal zu viele Dinge in meinen Gedanken zu einer Mauer aufgebaut, die anscheinend immer höher wurde. Ich hatte den Eindruck, dass es in dieser Mauer keine einzige Tür gab, die mir einen Durchlass bot.

Bei mir waren es Erwartungen an Menschen, die sich nicht zu erfüllen schienen. Schmerzen, die da waren und sich nicht verflüchtigen wollten. Probleme, die sich vor meinen Augen aufbauschten, Sorgen, Nöte.

Ich begann, meine Gedanken vor dem Herrn auszubreiten. Ich legte Ihm alle diese „Mauersteine" hin. Und dann geschah etwas ganz und gar Geniales. Gerade als ich sagte: „Herr, was soll aus dem ganzen Steinhaufen denn werden?", hörte ich fast im gleichen Moment, wie Er zu mir sprach:

„Hab Glauben, mein Kind!"

Und sofort schienen sich die Steine zu erheben – sie waren nicht wirklich weg, das kann ich nicht sagen, aber sie erhoben sich. Und jeder Stein wurde eingehüllt mit dem Zuspruch Gottes: „Hab Glauben, mein Kind!" Glaube an die Möglichkeiten Gottes, an Sein Handeln, Sein übernatürliches Eingreifen, Seine Versorgung, Heilung und Wiederherstellung. Ein tiefer Friede kam in meine Gedanken und in mein Herz und hüllte mich in diese Zusage Gottes ein. Ich konnte bei Ihm alle Dinge loslassen – Er kümmert sich darum:

… indem ihr alle eure Sorge auf ihn werft! Denn ***er ist besorgt für euch****.*
1.Petrus 5,7

Als ich weiter darüber nachdachte, fiel mir das Zusammentreffen von Jesus mit Marta ein, das uns in der Bibel berichtet wird. Jesus sagt zu ihr:

Und jeder, der da lebt und an mich glaubt, wird nicht sterben in Ewigkeit! Glaubst du das?

Ja, glaubst du das? Marta wurde diese alles entscheidende Frage vorgelegt. Jesus selbst stellte sie. Und auch heute noch ist es die zentrale und ausschlaggebende Frage an dich. Was wirst du antworten?

Ein paar Verse später spricht Jesus ein weiteres Mal über Glauben und sagt:

Habe ich dir nicht gesagt, wenn du glaubtest, so würdest du die Herrlichkeit Gottes sehen?

Welch eine Verheißung – doch wieder die Frage nach dem Glauben. Nachdem Jesus dies gesagt hatte, geschah eines der größten Wunder aller Zeiten: Lazarus stand von den Toten auf. Wenn du an Jesus Christus glaubst, wirst auch du vom Tod zum Leben gerufen.

Heute ist der Tag – dein Tag – an dem du dich ganz neu für Jesus entscheiden kannst, an dem du neu das Leben wählen kannst, an dem du Seine genialen Zusagen und Versprechen für dich ganz persönlich beanspruchen kannst. Heute können deine „Grabtücher" abgenommen werden, das, was dich so lange im Land des Verlustes und der Abhängigkeiten gehalten hat. Das, was dich gefangen hielt, lähmte, festband. Heute kannst du ganz neu das Leben in der Fülle wählen, das Jesus dir anbietet.

Wenn du glaubst, wirst auch du die Herrlichkeit Gottes sehen!

Es gilt für dich ... es gilt **wirklich** für dich!

Jeder, der da lebt und an mich glaubt, wird nicht sterben in Ewigkeit. ***Glaubst du das?*** *... Habe ich dir nicht gesagt,* ***wenn du glaubtest****, so würdest du die Herrlichkeit Gottes sehen?*
Johannes 11,26+40

Gepriesen sei der Gott und Vater unseres Herrn Jesus Christus! Er hat uns gesegnet mit ***jeder geistlichen Segnung*** *in der Himmelswelt in Christus.*
Epheser 1,3

Die Geschichte vom kleinen Kaktus

Ein kleiner Beduinenjunge schlendert bei einem seiner Streifzüge durch die Wüste und entdeckt in der Ödnis einen Kaktus. Er ist noch klein, aber das einzig lebende Objekt im weiten Umkreis.

Zunächst benutzt der Junge den Kaktus als Zielscheibe und bombardiert ihn mit Steinen. Die meisten treffen.

Nach einiger Zeit wird ihm das aber zu langweilig und im Weggehen legt er aus einer plötzlichen Boshaftigkeit heraus noch einen großen, sehr schweren Stein oben auf den Kaktus. Dazu muss er sich anstrengen und schwer heben und mächtig liegt der Stein auf dem Gewächs, das schon ohne diese Last genug Mühe hat, in der Unwirtlichkeit der Wüste zu überleben. Der Stein liegt brutal auf dem Kaktus, die Last drückt ihn regelrecht zusammen. Plötzlich hat er eine Bürde zu tragen, die er nicht abschütteln kann.

Jahre später kommt der Beduine wieder in die Gegend. Er ist inzwischen ein erwachsener Mann geworden. Warum auch immer, er hat den kleinen Kaktus von damals nicht vergessen und schaut sich nach einem verkrüppelten kleinen Gewächs um, von dem er denkt, dass es irgendwie unter einem großen Stein hervorwachsen müsste. Aber er findet nichts. Von dem kleinen Kaktus ist keine Spur mehr zu sehen. Das Einzige, was er finden kann, ist ein prachtvoller, stattlicher Kaktus, der in vollem Saft steht. „Diese baumhohe Pflanze ist mir damals gar nicht aufgefallen", geht es ihm durch den Sinn. „Der Kleine hat den Stein wohl doch nicht überlebt", denkt er und betrachtet noch einmal bewundernd das mächtige Gewächs vor sich, bevor er weitergeht.

Was er nicht gesehen hat, ist ein Stein ganz oben auf dem baumhohen Kaktus. Der Stein, den er selbst vor Jahren als Junge dort platziert hatte. Auf der großartigen und beeindruckenden Pflanze wirkt der Steinbrocken dort oben sonderbar klein und unwichtig …

Was war geschehen?

Der Überlebenskampf des kleinen Kaktus nahm durch den Stein erheblich an Intensität zu. Er brauchte nun viel mehr Kraft zum Wachsen, musste seine Wurzeln tiefer in den steinigen Sandboden hineingraben, um an mehr von dem dringend benötigten, kostbaren Wasser zu kommen. So wurde er stärker und stärker, nahm zu und wuchs. Trotz der Last, oder besser gesagt, gerade wegen der Last kämpfte er und wuchs zu einem beeindruckenden Baum heran. Der Stein als Last blieb, doch mit den Jahren des Wachstums wurde sie immer leichter zu tragen. Die Bedeutung des Steins verblasste, die Bedrückung und der Schmerz wurden immer unwichtiger.

Welchen Stein hat man auf dich gelegt? Welche nicht abzuschüttelnde Bürde liegt auf dir? Welche Last versucht dich niederzudrücken?

Manches, was so scheint, als ob es unser Wachstum hindern würde und von dem wir denken, dass es uns fast umbringen würde, kann, wie dieser Stein, zum Wachstumsverstärker werden, zum Segen und letztlich zu etwas Positivem. Das, was wir zu tragen haben, ist das, was uns Muskeln schafft, was uns trainiert, stärkt und belastbar macht. Das gilt im Natürlichen wie im Geistlichen.

Gott will, dass wir stark sind, tragfähig, einsatzfähig, brauchbar. Die biblischen Berichte sind voll von Belastungssituationen, von Zerreißproben, von schweren, rauen Dingen, die man nicht abschütteln kann. Doch Gott spricht uns zu, dass wir trotzdem wachsen sollen. Lass nicht zu, dass die Umstände, Probleme und Schwierigkeiten deines Lebens dich niederdrücken, sondern nutze sie, um voranzukommen und gestärkt zu werden. Streck dich nach dem lebendigen Wasser aus, das dir hilft, auch inmitten deiner Wüste heranzuwachsen, zu blühen und zu gedeihen.

Gesegnet ist der Mann, der auf den HERRN vertraut und dessen Vertrauen der HERR ist! Er wird sein wie ein Baum, der am Wasser gepflanzt ist und am Bach ***seine Wurzeln ausstreckt*** *und sich nicht fürchtet, wenn die Hitze kommt. Sein Laub ist grün,* ***im Jahr der Dürre ist er unbekümmert, und er hört nicht auf, Frucht zu tragen****.*
Jeremia 17,7-8

Und beständig wird der HERR dich leiten, und er wird ***deine Seele sättigen*** *an Orten der Dürre und deine Gebeine stärken. Dann wirst du sein* ***wie ein bewässerter Garten*** *und wie ein Wasserquell, dessen Wasser nicht versiegt.*
Jesaja 58,11

Er ist wie ein Baum, gepflanzt an Wasserbächen, der seine Frucht bringt zu seiner Zeit, und dessen Laub nicht verwelkt; ***alles was er tut, gelingt ihm****.*
Psalm 1,3

Der Gerechte wird sprossen wie die Palme, wie eine Zeder auf dem Libanon wird er emporwachsen. Die gepflanzt sind im Haus des HERRN, werden grünen in den Vorhöfen unseres Gottes. ***Noch im Greisenalter gedeihen sie****, sind sie saftvoll und grün.*
Psalm 92,13-15

Gottes Wort als Fast Food?

Ich glaube, dass viele Christen deshalb so besiegt durch ihr Leben gehen, weil sie zu wenig das lebendige, lebensverändernde Wort Gottes in sich tragen. Das Wort Gottes ist kein Instantpulver, das man im Vorbeigehen mal eben schnell zu sich nimmt, kein Glückskeks, kein Fast Food. Wenn du auf einem Marsch durch die Hitze bist, wirst du sicher auch nicht mit einem winzigen Schluck aus der Feldflasche zufrieden sein. Du brauchst mehr, um am Ziel anzukommen.

Wir brauchen die „feste Speise"[2] des Wortes Gottes für uns, um in unserem Leben wirklich vorwärtszukommen. Wir müssen wissen, wer wir in Christus sind, welche Identität und Position wir in Ihm haben. Wir müssen wissen, was die Bibel über Befreiung, Heilung und Wiederherstellung sagt und wie wir verheißungsorientiert leben. Das alles finden wir in der Heiligen Schrift. Doch du wirst es nicht im Vorbeigehen entdecken. Du musst eine Entscheidung dafür treffen, dir Zeit für Gottes Wort zu nehmen. Beginne damit, Worte aus der Bibel, die dir persönlich wichtig sind, aufzuschreiben. Trage sie bei dir, studiere sie, sprich sie über deinem Leben, über bedrängende Gedanken und Situationen aus. Beginne doch wieder damit, wichtige Verse auswendig zu lernen.

Du wirst merken, dass du schon bald beginnst, in deinem Glaubensleben stärker und kräftiger zu werden.

---

2 1.Korinther 3,2; Hebräer 5,12-14

*Lasst das **Wort Christi** reichlich unter euch wohnen: Lehrt und ermahnt einander in aller Weisheit; mit Psalmen, Lobgesängen und geistlichen Liedern singt Gott dankbar in euren Herzen.*
Kolosser 3,16

Ich selbst empfinde eine große Freude, wenn ich die Bibel lese und dabei erlebe, wie Jesus durch Sein Wort direkt in mein Leben spricht. Manchmal scheint es mir, als ob der Text nur für mich persönlich geschrieben worden wäre. Und deshalb ergreife ich es auch ganz persönlich für mich. Es ist Sein Wort für mich – und genauso ist es Sein Wort für dich.

Der Prophet Jeremia sagte inmitten sehr großer Bedrängnis über das Wort Gottes:

***Deine Worte sind mein Leben!** Ich **freue** mich von Herzen, wenn du mit mir redest, denn ich gehöre ja dir, Herr, du Allmächtiger!*
Jeremia 15,16 – Neues Leben

Lass durch das Wort Gottes deine Schritte gefestigt werden. Lass Seine Bestimmungen und Ordnungen dir helfen, im Leben siegreich zu sein. Lass Sein Wort dich beleben und bewahren. Lass deinen Glauben durch das Wort gestärkt werden und lass es zur Freude deines Herzens werden. Eigentlich gibt es nichts, was für uns ermutigender ist als das Wort Gottes. Nimm es jeden Tag neu für dich an – als ganz persönlichen Zuspruch des Herrn für dein Leben.

*Ich **freue** mich über dein Wort, wie einer, der große Beute macht.*
Psalm 119,162

*Von deinen Gesetzen bin ich nicht abgewichen, denn du hast mich **unterwiesen**. Wie süß sind deine Worte meinem Gaumen, süßer als Honig meinem Mund. Aus deinen Befehlen schöpfe ich **Einsicht**, darum hasse ich jeden Pfad der Lüge.*
Psalm 119,104

Komme in Übereinstimmung

Ich dachte über ein kleines Wort unseres täglichen Lebens nach: „übereinstimmend“. Dieses Wort hat die Bedeutung von: gleichlaufend, parallel, nebeneinander, Seite an Seite, in gleicher Richtung, konform, einer wie der andere, Hand-in-Hand, usw. Das Gegenteil von Übereinstimmung ist Unordnung, Chaos, Durcheinander, Auf und Ab, Verwirrung usw.

In Übereinstimmung mit dem Wort Gottes zu leben hat eine große innewohnende Kraft. Wenn wir mit Gott vorangehen und Seine Kraft in unserem Leben erfahren wollen, müssen wir unbedingt in Übereinstimmung mit Seinem Wort leben. Wir können nicht in Unordnung leben oder Seine Anordnungen gering achten und gleichzeitig von Gott erwarten, dass Er uns segnet. Als ich darüber nachdachte, fiel mir auf, dass wir prüfen müssen, wie es in unserem Leben aussieht. Leben wir, wie es die Bibel als Vorschlag, als Richtschnur, als Agenda vorgegeben hat?

Denke und spreche ich so, wie es das Wort Gottes uns rät? Wo muss ich eine Veränderung herbeiführen? In welchen Bereichen macht mich der Geist Gottes aufmerksam, dass ich die Dinge meines Lebens neu ausrichten sollte? Bestimmte Dinge zu tun und andere zu lassen ist etwas, was wir selbst tun müssen, es ist unser Anteil an der Veränderung.

Nimm dir Zeit und prüfe dein Leben – so, wie du im Moment lebst – ob es in die Richtung geht, die die Bibel uns vorgibt; ob es da ein „Hand-in-Hand-Gehen“ mit dem Wort Gottes gibt; ob du auf einem gemeinsamen Weg mit dem Herrn unterwegs bist.

Und seid nicht gleichförmig dieser Welt, sondern werdet ***verwandelt durch die Erneuerung des Sinnes****, dass ihr prüfen mögt, was der Wille Gottes ist: das Gute und Wohlgefällige und Vollkommene.*
Römer 12,2

Raus aus dem Samentütchen

In jedem Frühling beeindrucken mich in den Geschäften die Präsentationsständer, auf denen ganz verschiedene Samentütchen angeboten werden. Wenn ich mir dann die Samenkörnchen anschaue, finde ich es immer wieder faszinierend, dass aus dem vertrockneten braunen „Etwas“ eines Samenkorns echtes, blühendes, buntes und so faszinierend schönes Leben entstehen kann.

Doch dazu muss das Samenkorn in die Erde eingebracht werden. Im gewissen Sinn muss es, wie es die Bibel nennt, „sterben“, damit etwas Neues hervorkommen kann. So ist es auch in unserem ganz persönlichen Leben. Unser alter Mensch muss sterben. Das ist kein überflüssiger Vorgang, den man irgendwie umgehen kann, ebenso wenig, wie aus einem Samenkorn, das in der Tüte bleibt, neues Leben entstehen kann. Jesus selbst spricht von diesem wichtigen Prozess in unserem Leben:

Ich versichere euch: Ein Weizenkorn muss in die Erde ausgesät werden. Wenn es dort nicht ***stirbt****, wird es allein bleiben – ein einzelnes Samenkorn. Sein Tod aber wird viele neue Samenkörner hervorbringen –* ***eine reiche Ernte neuen Lebens!***
Johannes 12,24 – Neues Leben

Jesus hat dir alles geschenkt und alles in dich hineingelegt, damit du reiche Frucht bringen kannst. Deine Bestimmung ist nicht, dass du in deinem ganz persönlichen Samentütchen liegen bleibst, was auch immer das für dich sein mag. Es kann etwas sein, was dich festhält und dir vermeintliche Sicherheit und Schutz gibt. Es kann etwas sein, in dem du gefangen bist und was dich einengt. Es kann auch etwas sehr Bequemes sein, in dem du dich eigentlich ganz wohlfühlst.

Überlege einmal, was dich davon abhält, ins echte Leben durchzubrechen. Eine schwierige Beziehung? Ein problematischer Arbeitsplatz? Ein Haus, das dich fesselt? Erwartungen, die andere Menschen an dich stellen? Oder ...?

Mache dich auf in etwas Neues. Raus aus dem Samentütchen, in dem du schon so lange drinsteckst! Vielleicht ist es für dich tatsächlich wie ein kleiner Sterbeprozess, doch du wirst sehen, dass schon nach kurzer Zeit blühendes Leben entsteht und Dinge aus dir ‚herauskommen', die du vielleicht niemals für möglich gehalten hast. Entscheide dich heute, dem Herrn neu zu vertrauen und dich in das Abenteuer des Aufblühens aufzumachen.

So sind wir nun mit ihm begraben worden durch die Taufe in den Tod, damit, wie Christus aus den Toten auferweckt worden ist durch die Herrlichkeit des Vaters, so werden auch ***wir in Neuheit des Lebens*** *wandeln.*
Römer 6,4

Was der Mensch sät …

Man wird genau das ernten, was man gesät hat. Das ist das Gesetz von Saat und Ernte. Es gilt im Natürlichen – und ebenso im Geistlichen. Es gilt in jedem Lebensbereich. Auch unsere Worte sind wie Saatgut … sie werden eine bestimmte Frucht hervorbringen. Wir säen durch unsere Worte beispielsweise täglich in das Leben anderer Menschen hinein. Das kann positiv oder negativ sein. Positive Worte, Worte des Zuspruchs, des Segens, der Auferbauung und Ermutigung werden genau diese Art von Frucht hervorbringen. Menschen werden durch sie ermutigt, durch Lob angespornt, durch Worte getröstet und aufgebaut. Negative Worte erreichen das Gegenteil. Ich lege mir immer wieder die Frage vor: „Welche Worte säe ich in die Menschen um mich herum?“ Es ist wichtig, dass wir uns immer wieder einmal die Zeit nehmen, die Dinge, die wir so ganz normal tun, zu überprüfen. Wie sieht es aus mit unserem Reden über oder mit unserem Ehepartner, unseren Kindern, unseren Arbeitskollegen, unseren Freunden, unseren Mitchristen …?

Es ist so wichtig, dass uns bewusst ist, was wir aussprechen und damit ganz real aussäen. Werden unsere Worte gute Frucht im Leben anderer Menschen hervorbringen? Sei du ein Mensch, der Gutes aussät, Worte der Ermutigung, des Aufbauens, der positiven Sichtweise und des Segens.

*Wer sparsam **sät**, wird auch sparsam **ernten**, und wer segensreich **sät**, wird auch segensreich **ernten**.*
2.Korinther 9,6

*Wer Unrecht **sät**, wird Unheil **ernten**.*
Sprüche 22,8

Und genauso sind deine Worte auch Samen, die du in deinem eigenen Leben ausstreust. Sie werden auch dort etwas Bestimmtes hervorbringen. Was artikulierst du über dein eigenes Leben? Welche Worte sprichst du über dir selbst aus? Diese Worte besitzen ebenso schöpferische Kraft, sei es zum Guten oder zum Schlechten. Sei in diesem Punkt nicht leichtfertig, denn das, was du über dir selbst erklärst und proklamierst, wird in deinem Leben Realität werden.

Wenn du zum Beispiel immer wieder über deinem Leben aussprichst: „Ich werde immer schwächer!", „Ich habe eine Krankheit nach der anderen!" oder: „Ich komme nie aus den finanziellen Problemen heraus!", dann wird das eine Zwangsläufigkeit in der Frucht hervorbringen. Diese Saat wird Wurzeln schlagen und aufgehen. Das, was du heute säst, wird exakt das sein, was du in den kommenden Jahren ernten wirst. Deshalb ist es weise, darauf zu achten, dass du die richtigen Dinge zu dir selbst sagst, nämlich die gleichen Dinge, die Gott über dir ausspricht.

Füll dich mit dem Wort Gottes und den Wahrheiten, die Er über dir ausspricht und lerne diese Dinge über deinem Leben zu proklamieren. Dreh den Spieß einfach um, schau nicht länger auf das Negative, sondern beginne das Gute über deinem Leben zu erklären. Lass das Wort Gottes den lebendigen Samen sein, der in deinem Leben die richtige, gute Frucht hervorbringt.

Ihr seid neu geboren worden, nicht aus vergänglichem, sondern aus ***unvergänglichem Samen: aus Gottes Wort****, das lebt und das bleibt.*
1.Petrus 1,23

*Der **Samen** ist das Wort Gottes.*
Lukas 8,11

*Was ein Mensch **sät**, das wird er auch **ernten**.*
Galater 6,7b

Sei mutig!

In Esra 7 lesen wir von der Vision, dem Auftrag und der Berufung, die Gott Esra gegeben hatte: Er sollte „*das Haus des Herrn herrlich machen*". Gott öffnete ihm Türen, die niemand sonst hätte aufschließen können. Er bereitete einen Weg, den kein Mensch hätte besser planen können. Gott schaffte perfekte Vorsorge und perfekte Versorgung.

Mit der gleichen Gunst möchte Gott dir heute begegnen.
Er kann und will Türen öffnen, die niemand schließen kann.
Er kann und will Schutz, Bewahrung und Versorgung geben.
In Vers 28 wird der entscheidende Aspekt erwähnt, der ermöglichte, dass Esra dies alles zukam: „*Ich fasste Mut, weil die Hand des Herrn, meines Gottes, über mir war!*"

*Gepriesen sei der HERR, der Gott unserer Väter, der solches in das Herz des Königs gegeben hat, um **das Haus des HERRN herrlich zu machen**, das in Jerusalem ist, und der es gefügt hat, dass ich Gnade gefunden habe vor dem König und seinen Räten und allen mächtigen Obersten des Königs! Ich aber, **ich fasste Mut**, weil die Hand des HERRN, meines Gottes, über mir war …*
Esra 7,27-28

Setze dein Vertrauen auf den Herrn. Heute ist ein Tag, an dem dir Gott zuspricht:

Fasse Mut! Ich öffne Türen und segne dein Leben! Meine Hand ist auf dir. Du sollst ein Segen sein!

Ich bin ein Held

Gideon war überrascht. Er hatte sich vor dem räuberischen Feind versteckt, der schon so oft über sein Volk hergefallen war und fühlte sich ganz sicher nicht als mutiger, entschlossener Held, als der Engel des Herrn ihn mit „Du tapferer Held!" ansprach:

Da erschien ihm der Engel des HERRN und sprach zu ihm: Der HERR ist mit dir, ***du tapferer Held!***
Richter 6,12

Gott sah Gideon ganz anders, als dieser sich selbst sah. In seiner eigenen Vorstellung und mit seinen eigenen Möglichkeiten wusste Gideon keinen Ausweg mehr. Und genau in dieser Situation sprach Gott ihn an. Und plötzlich ging es nicht mehr um die beschränkte Sichtweise und Furcht Gideons, sondern um die Kraft und die Macht Gottes. Es ging um einen neuen Auftrag und eine neue Berufung:

Gehe hin in dieser deiner Kraft und rette Israel aus der Hand Midians. Habe ich dich nicht gesandt? …
Ich werde mit dir sein!
Richter 6,14+16

Gott sieht auch dich anders als du dich selbst siehst. Auch du bist für Ihn ein tapferer Held. Wenn du dich nicht danach fühlst, geht es dir nicht anders als damals Gideon und vielen, vielen anderen. Deshalb: Wenn du dich heute als schwach und unfähig ansiehst, dann beginne das auszusprechen, was Gott über dich denkt. Beginne das auszusprechen, was der Herr in Seinem Wort über dich sagt. Seine Sichtweise ist oft unserem momentanen Empfinden, unserem beschränkten Blickwinkel entgegengesetzt. Deshalb musst du die Wahrheiten der Bibel im Glauben aussprechen, am besten laut, damit du sie selbst mit deinen Ohren hörst – dann wird auch dein Herz folgen.

Sei dir sicher: Deine Worte besitzen eine große schöpferische Kraft. Gott hat das ganze Universum durch Sein Wort geschaffen. Er sprach und es geschah. Wir sind Sein Ebenbild und so bewirken auch unsere Worte, dass die Dinge, die wir aussprechen, Realität werden. Es ist deshalb so wichtig, dass wir das sagen, was Gott sagt.[3]

Der Schwache sage: ***Ich bin ein Held!***
Joel 4,10b

Ein glimmender Docht

Stehst du in schwierigen Umständen und Lebenssituationen? Vielleicht hast du das Gefühl, dass du wie in einem undurchdringlichen Nebel stehst und kein Licht da ist, du weißt nicht, wie du dich verhalten und in welche Richtung du gehen sollst. Es scheint keinen Ausweg zu geben. Es kann auch sein, dass

3 Bitte sieh dazu „Wer ich gemäß dem Neuen Testament bin" am Ende des Buches.

dich Schmerzen, traurige Nachrichten oder zu viel Anspannung blockieren und gefangen halten. Glaube den negativen Stimmen nicht, die dir sagen, dass es nicht möglich ist, aus deinen Umständen herauszukommen! Diesen lähmenden Gedanken zu widerstehen ist der erste wichtige Schritt, den du tun solltest. In der Bibel gibt es eine wunderbare Zusage:

… ein geknicktes Rohr wird er nicht zerbrechen, und ***einen glimmenden Docht wird er nicht auslöschen****, bis er das Recht hinausführe* ***zum Sieg****.*
Matthäus 12,20-21

Da ist Hoffnung! Da ist Veränderung! Gott möchte mit Seinem Atem, Seinem ‚Ruach' in deine Situation hineinblasen. Er will das Feuer wieder anfachen, dich neu beleben, dich aufrichten und dir neuen Halt geben. Der Hauch Seines Mundes wird deine Situation völlig verändern. Glaube Ihm und Seinem Wort, das dich neu beleben wird.

Das geknickte Rohr wird er nicht zerbrechen, und den glimmenden Docht wird er nicht auslöschen.
Jesaja 42,3

Rufe mich an am Tag der Not; ***ich will dich retten****, und du wirst mich verherrlichen!*
Psalm 50,15

Das Experiment

Wir alle haben mit negativen Gedanken zu kämpfen. Gedanken, die uns in eine falsche Richtung ziehen, die deprimieren, in Sorge und Angst versetzen. Gedanken, die uns zu bestimmten Handlungen treiben wollen.

Viele Menschen sagen: „Ich kann ja nichts dazu. Ich bin diesen Gedanken wie hilflos ausgeliefert. Sie kommen einfach über mich. Ich werde davon richtig verunreinigt." Nun, es stimmt natürlich, dass jeder von uns negative Gedanken kennt und sie in der Tat oftmals wie aus dem Nichts heraus angeflogen kommen. Doch die Bibel sagt uns, dass wir ihnen keinesfalls wehr- und hilflos ausgeliefert sind.

Stell dir einmal ein Experiment vor: Wenn man in ein Glas klares Wasser einen Tropfen Tinte hineingibt, wird schnell das ganze Wasser dunkel und verunreinigt. Hält man das Glas dann unter einen Wasserhahn mit laufendem, frischem Wasser, kann man beobachten, wie nach und nach das Dunkle und Schmutzige weggespült wird. Es ist ein Prozess, der einige Zeit dauert, aber wenn man stets frisches Wasser nachlaufen lässt, wird die Tinte irgendwann völlig ausgespült sein.

Genauso ist es auch mit den negativen Gedanken, die unser Inneres bedrängen und verunreinigen. Wir selbst können uns jederzeit dazu entscheiden, unsere negativen Gedanken zu stoppen. Wir können immer mehr lernen, zu kontrollieren, in welche Richtung sich unsere Gedanken bewegen. Um negative Gedanken ‚auszuspülen', ist es notwendig, unser Herz und unseren Sinn mit dem Wort Gottes zu füllen. Es wird die dunklen, schlechten Gedanken immer mehr wegspülen, bis sie ganz verschwinden. Deshalb ist es so wichtig, den Zufluss der Wahrheiten der Bibel immer „am Laufen“ zu halten.

Als aber die Güte und die Menschenliebe unseres Retter-Gottes erschien, rettete er uns, … nach seiner Barmherzigkeit durch die ***Waschung der Wiedergeburt und Erneuerung des Heiligen Geistes****. Den hat er durch Jesus Christus, unseren Retter, reichlich über uns* ***ausgegossen****.*
Titus 3,4-6

Zum Beispiel: Glaube an Gott spült Angst aus. Die Hoffnung, die Er uns schenkt, spült Unsicherheit aus. Der Friede Gottes spült Hass und Unruhe aus. Seine tiefe Freude spült alle Trauer aus. Und so gibt es ganz viele Dinge in unserem Denken und unserem Herzen, die Gott ausspülen, verändern, erneuern und erfrischen möchte. Ich wünsche dir, dass du dich mit hineinnehmen lässt in diesen genialen Veränderungsprozess Gottes.

Die Hoffnung aber lässt nicht zuschanden werden, denn ***die Liebe Gottes ist ausgegossen in unsere Herzen*** *durch den Heiligen Geist, der uns gegeben worden ist.*
Römer 5,5

Der Gewandbausch

Ein Wort des Propheten Jesaja fiel einmal mit sehr großem Trost und Zuversicht in einer besonders herausfordernden Situation in mein Herz. Es erzählt von dem großartigen Bild, das uns immer wieder in der Bibel begegnet, dem guten Hirten und dem Schäfchen:

Er [der Herr] *wird seine Herde weiden wie ein Hirte, die* ***Lämmer*** *wird er in seinen Arm nehmen und* ***in seinem Gewandbausch tragen****, die säugenden* ***Muttertiere*** *wird er fürsorglich leiten.*
Jesaja 40,11

Jesus Christus ist der große Hirte, der Seine Schafe – und das sind wir, du und ich – leitet und versorgt. Er ist derjenige – und nur Er – der uns zu frischen Wassern führt, zu grünen Wiesen. Er sättigt unser Herz und gibt unserer durstigen Seele zu trinken. Er ist fürsorglich und sieht sich die Weiden unseres Lebens mit den Herausforderungen, den Unebenheiten und dem Unkraut genau an, bevor er uns dorthin gehen lässt. Er muss vieles an giftigen Kräutern ausreißen, damit wir nicht durch sie geschädigt werden oder sogar unser Leben verlieren. Er ist der starke Hirte, dessen Stecken und Stab für uns da sind, wenn wir durch ein dunkles und bedrohliches Todestal hindurchgehen müssen.[4] Er ist da! Ist das nicht genial? Er kämpft für uns und deckt uns selbst im Angesicht unserer Feinde den Tisch – reichlich und überfließend.

Jesaja schreibt, dass Er die Lämmer in Seinem Gewandbausch tragen wird. Dieser Gewandbausch ist eine Innentasche, die wie ein kleiner Sack in Sein Gewand eingenäht ist. Im Gewandbausch bewahrt Er die wertvollen, wichtigen Dinge wie Salben und Öl auf, die helfen, Verwundungen und Verletzungen zu heilen. Ist ein kleines Schaf zu schwach, verletzt oder krank, nimmt er es in diesen Innenbeutel und trägt es ein Stück der

4 Psalm 23,4

schwierigen Wegstrecke. So ist es immer ganz nah bei dem Hirten, es hört seine Stimme und seinen Herzschlag und empfängt seine Wärme.

Wenn du angegriffen, verletzt oder schwach bist, trägt Jesus – der gute Hirte – dich genauso die nächste Strecke. Er trägt dich in Seinem Gewandbausch über die reißenden Bäche der Herausforderungen, die sich vor dir auftun. Er trägt dich durch das Geröll der Unsicherheiten, die vor dir liegen, und die dir Angst machen. Er trägt dich, wenn du Zweifel hast, welche Wegstrecke in der Zukunft vor dir liegen wird. Er salbt dich mit Seinem Öl. Er verbindet deine Wunden, so dass deine Verletzungen heilen können. Er gibt dir frisches Wasser. Dieser Gewandbausch liegt ganz nah an Seinem Herzen, du kannst Seinen Herzschlag wahrnehmen und das macht dich ruhig, gelassen und tröstet dich. Im Gewandbausch kannst du auch Seine Stimme hören. Sein Wort gibt dir Kraft. Er ermutigt dich, wenn niemand da ist; du kannst dich in Ihm stärken.

Und auch die Mutterschafe hat Er besonders im Blick. „*Die säugenden Muttertiere wird er voller Fürsorge leiten*", so heißt es im Text. Wenn Mutterschafe getrieben und gehetzt werden, verlieren sie ihre Milch und die Jungtiere haben keine Versorgung. Deshalb achtet der Hirte besonders auf sie. Und so ist es mit dem Herrn auch: Er wird dich nie zur Hetze treiben, sondern fürsorglich leiten. Jesus sieht dich. Er sieht voraus, was auf deinem Weg liegt. Und Er sieht auch deine Kinder, die du bei dir führst. Er hat Weide genug, auch sie zu sättigen und richtig zu führen. Sei getrost. Dir wird nichts mangeln:

Der HERR ist mein Hirte, mir wird nichts mangeln.
Er lagert mich auf grünen Auen, er führt mich zu stillen Wassern.
Er erquickt meine Seele.
Psalm 23,1-3

Denn ich bin der Herr, dein Gott, der deine Rechte ergreift,
der zu dir spricht: Fürchte dich nicht! ***Ich, ich helfe dir!***
Fürchte dich nicht.
Jesaja 41,13

Aber mit uns ist der Herr ...

Über König Hiskia berichtet uns die Bibel, dass er das tat, was vor dem Herrn, seinem Gott, richtig und wohlgefällig war:

Und er tat, was gut und recht und treu war vor dem HERRN, seinem Gott. Und bei jedem Werk, das er im Dienst für das Haus Gottes und im Gesetz und im Gebot begann, um seinen Gott zu suchen, handelte er ***mit ganzem Herzen****; und er hatte Gelingen.*
2.Chronik 31,20-21

Doch inmitten seiner Treue, seinem richtigen Tun, seinem Gott wohlgefälligen Verhalten, kam der feind, um ihn zu bekämpfen und zu vernichten:

Nach *diesen Ereignissen und* ***dieser Treue*** *kam Sanherib, der König von Assur. Und er drang in Juda ein und belagerte die befestigten Städte, und er gedachte, sie für sich zu erobern.*
2.Chronik 32,1

Kennst du das auch aus deinem Leben? Gerade wenn du Gott treu bist, wenn du das tust, von dem du weißt, dass es das Richtige ist, wenn du mit ganzem Herzen dem Herrn dienst, kommen die feindlichen Attacken in heftiger Stärke. Dann fragst du dich, wie das sein kann, wieso das möglich ist. Schauen wir im biblischen Bericht nach, was Hiskia in dieser bedrückenden Situation tat, dann stellen wir etwas Erstaunliches fest: Er dachte nicht über menschlich machbare Strategien nach, nicht über die Stärke des eigenen Heeres, über seine ‚Machbarkeiten'. Nein! Er proklamierte gegenüber dem ganzen Volk, das bei ihm war – und auch sich selbst gegenüber – die Wahrheiten der göttlichen Verheißung:

Seid stark und mutig! Fürchtet euch nicht und seid nicht niedergeschlagen vor dem König von Assur [dem feind] *und vor der ganzen Menge, die mit ihm ist! Denn mit uns sind mehr als mit ihm. Mit ihm ist ein Arm aus Fleisch. Aber* ***mit uns ist der HERR, unser Gott****, um uns zu helfen und unsere Kriege zu führen!*
2.Chronik 32,7-8

Das war seine Überzeugung, seine tiefe Gewissheit, die in seinem Herzen verankert war. Genau das sprach er aus. Und genau so geschah es auch.

Sei dir sicher: Exakt das gilt auch für dich. Sei ermutigt. Du hast den stärksten Helfer, den König der Könige – Jesus – auf deiner Seite. Wenn du heute entmutigt, verzagt und vom feind attackiert bist, dann nimm diese starke Glaubensaussage für dich in Anspruch: „Mit mir ist der Herr, mein Gott, um meinen Kampf zu führen!" Sei stark und mutig! Sei nicht niedergeschlagen vor dem Drohen des feindes und all seinen miesen und fiesen Attacken. Denn mit dir ist der Herr, dein Gott, um dir zur Hilfe zu kommen und dir Sieg über deinen feind – wie auch immer sein Name sein mag – zu geben.

Fürchte dich nicht! *Denn zahlreicher sind die, die bei uns sind, als die, die bei ihnen sind.*
2.Könige 6,16

Ihr aber, ***seid stark*** *und lasst eure Hände nicht schlaff werden! Denn es gibt einen Lohn für euer Tun!*
2.Chronik 15,7

Ihr seid aus Gott, Kinder, und habt sie überwunden, weil ***der, welcher in euch ist, größer ist*** *als der, welcher in der Welt ist.*
1.Johannes 4,4

Danke

Ein neuer Morgen kommt

Weißt du, dass Gott ein Buch hat, in das alle deine Lebenstage eingeschrieben sind? Die Psalmen berichten uns von diesem Buch:

***Jeder Tag meines Lebens** war **in dein Buch** geschrieben.*
Jeder Augenblick stand fest noch bevor der erste Tag begann.
Wie kostbar sind deine Gedanken über mich, Gott.
Psalm 139,16-17

Wenn ich an dieses Buch denke, stelle ich mir vor, wie ich in den einzelnen Kapiteln zurückblättere und mich an die vergangenen Dinge und Ereignisse erinnere. Und immer wieder empfinde ich, dass ich darunter schreiben würde:

- „Danke, Herr, Du hast es letztlich gut gemacht."
- „Danke, dass Du immer bei mir warst und mich auch in schwierigen Zeiten an Deiner Hand gehalten hast."
- „Danke, dass Du es immer zu meinem Besten geführt hast, auch wenn ich es oft zunächst noch nicht so sehen und einschätzen konnte."

Vielleicht hat in dem Buch deines Lebens gerade ein neues Kapitel begonnen und du stellst fest, dass bereits die ersten Seiten davon mit Tränen bedeckt sind. Vielleicht verstehst du die Dinge nicht, die in deinem Leben ablaufen. Du siehst vielleicht keinen Sinn in dem, was dir begegnet und widerfährt. Manches fühlt sich so fremd, so schwer und schier nicht zu bewältigen an. Manches mag auch schon zu einem Ende gekommen sein und du stehst vor vielen Fragen. Warum gerade ich? Warum passiert mir das? Warum gerade jetzt, wo ich doch alles so gut geplant hatte?

In den Psalmen lesen wir dazu etwas Interessantes:

Du zählst alle meine Klagen und sammelst alle meine ***Tränen*** *in einem Gefäß, ja, du hast jede einzelne* ***in deinem Buch*** *festgehalten.*
Psalm 56,9

In der damaligen Zeit war es üblich, dass man die Tränen der Trauer über den Tod und den Verlust von Angehörigen in einem Krüglein oder einem Schlauch auffing und auf das Grab legte. Vielleicht findest du im Moment keine Worte, aber Gott versteht die Sprache deiner Tränen. Wenn du gerade jetzt in einem derartigen Kapitel deines Lebens steckst, möchte ich dich einladen, wieder aufzustehen und weiterzugehen. Es kommt ein neuer Morgen, es wird wieder hell werden.

Der Herr schreibt in der Geschichte deines Lebens weiter und du kannst sicher sein, dass es ein gutes Kapitel werden wird.

Die Nacht ist noch voll Weinen, doch mit dem Morgen ***kommt die Freude!***
Psalm 30,6b

Die Gefahr falschen Denkens

Was würdest du antworten, wenn ich dich frage, wann ein Dieb zu einem Dieb wird? Ist es dann, wenn er die Dinge, die er stehlen wollte, tatsächlich in seinen Besitz gebracht hat? Ich denke, es geschieht viel früher. Jeder Dieb hat irgendwann einmal den allerersten Gedanken gedacht: „Wie wäre es, wenn …?“

Und dann gab er diesem Gedanken immer mehr und mehr Raum – und genau an dem Punkt entwickelte er sich zum Dieb.

Zuerst hat er sich die ganze Sache wahrscheinlich nur einmal locker vorgestellt, gedanklich damit gespielt. Dann kamen die Bedenken, die wiederum durch neue Gedanken weggeschoben wurden. Immer wieder stellte er sich bildlich vor, wie es wäre, wenn er die Tat begehen würde, entwickelte Strategien und langsam wurde das Gewissen, das sich anfänglich noch meldete, besänftigt und ruhiggestellt, bis es irgendwann nicht mehr anschlug. Dann kam die Gelegenheit – und die Tat geschah fast automatisch.

Das ist die Gefahr falschen Denkens. Ein Ehebrecher wird zuerst in seinen Gedanken zum Ehebrecher. Ein Betrüger wird zuerst in seinen Gedanken zum Betrüger. Jemand, der andere mobbt, tut dies zuerst in seinen Gedanken. Und genauso ein Dieb. Ein Dieb ist nicht nur jemand, den man sich ganz klassisch als Geld- oder Schmuckräuber vorstellt. Nein, Diebe rauben unterschiedlichste Dinge. Zum Beispiel den Arbeitsplatz eines anderen, den geschäftlichen Abschluss eines anderen, den häuslichen Frieden eines anderen, die Idee eines anderen, den Ehepartner eines anderen usw. Alles kann durch einen Dieb gestohlen werden.

Manche Menschen leiden sehr unter Gedanken, manchmal sogar zwanghaften Empfindungen, bestimmte Dinge tun zu müssen oder sich in bestimmter Weise zu verhalten. Es sind innere Stimmen, die immer wieder mit ihren drängenden Forderungen kommen. Tausendmal werden sie gedacht und irgendwann geschieht es. Steckst du vielleicht in solch einer gedanklichen Falle? Hängst du in einem Hamsterrad von Gedanken, von denen du weißt, dass sie nicht gut sind?

Wenn du durch den feind in einem solchen Gebiet bedrängt bist, dann stelle dich ihm mit allem, was in dir ist, entgegen. Lass dich nicht verführen. Denn wer andere bestiehlt, wird selbst beraubt werden. Das ist das Gesetz von Saat und Ernte. Der Dieb wird selbst bestohlen; der Betrüger wird selbst betrogen und der, der mit Tricks arbeitet, wird selbst ausgetrickst werden. Wer solches tut, wird nicht glücklicher und sorgenfreier, sondern gebundener. Achte deshalb sehr genau auf dein Denken. Gott ist für dich. Er verdammt dich nicht, wenn du zu Ihm kommst. Er reinigt dich, wenn du deine Sünde vor Ihm bekennst. Er erneuert dein Leben und bringt es wieder in Ordnung. Wenn du merkst, dass dein Denken in eine falsche, gefährliche Richtung geht, dann wende dich an Gott. Rufe Ihn um Hilfe an – denn Er hat versprochen, dass jeder, der den Namen des Herrn anruft, errettet werden wird:

*Und es wird geschehen: Jeder, der den Namen des HERRN anruft, **wird gerettet werden**.*
Joel 3,5

*Denn es ist kein Unterschied zwischen Jude und Grieche, denn er ist Herr über alle, und er ist reich für alle, die ihn anrufen; denn jeder, der den Namen des Herrn anrufen wird, **wird gerettet werden**.*
Römer 10,12-13

*Hart hat man mich gestoßen, um mich zu Fall zu bringen. Aber **der HERR hat mir geholfen**. ... Er ist mir **zur Rettung geworden**.*
Psalm 118,13-14

Ich komme!

Neulich erlebte ich ein Seifenkistenrennen mit und das erinnerte mich daran, wie es damals war, als wir als Kinder Schlitten fuhren. Vor uns lag diese schwierige Strecke mit Hubbeln, spitzen Steinen und Löchern, die man möglichst geschickt umfahren musste. Und wir alle hatten einen Startruf: „Bahn frei, ich komme!“ Dieses Kindheitserlebnis wurde mir zu einem Beispiel für mein geistliches Leben. Vielleicht auch für deins?

Stehst du vielleicht gerade vor einer Wegstrecke, auf der du nur Hindernisse, Löcher, gefährliche Abschnitte und Unwägbarkeiten vor dir siehst? Dann fass das Ziel noch fester ins Auge, lass dich nicht abbringen. Lass deinen Startruf hören: „Bahn frei, ich komme“!

Ich habe selbst oft in meinem Leben unter Tränen und Schmerzen gesagt – nein, manchmal war es nur geflüstert: „Bahn frei! Ich komme!“ Und immer wieder stellte ich fest: Jesus war da, ermutigte mich, gab mir neuen Anschwung, damit ich auf dem Weg zum Ziel bleibe und sicher ankomme. Er war derjenige, der die unebenen Strecken genau sah und kannte. Er kannte meine Herausforderungen, meine Kraft. Er wusste, was ich an Last tragen konnte und stützte mich. Sei sicher, dass Er das auch für dich tun will und wird!

Wenn ich rufe, antworte mir, Gott meiner Gerechtigkeit!
In Bedrängnis hast du mir Raum gemacht*; sei mir gnädig und höre mein Gebet!*
Psalm 4,2

*Siehe, **Gott ist mir ein Helfer**; der Herr ist der, der meine Seele stützt.*
Psalm 54,6

Eine Diät für deinen inneren Menschen

Wir leben in einer Zeit, in der Diäten allgegenwärtig sind. Ich las von einer Diät, bei der es darum ging, ein Verständnis darüber zu bekommen, was man tagaus, tagein so alles isst. Man musste selbst die kleinste Kleinigkeit, was man den ganzen Tag über essen und trinken wollte, aufschreiben. Ein schlaues Konzept, das zum Ziel hatte, altes, schädliches Verhalten in neues, gutes zu verändern. Man sollte sich selbst immer wieder überprüfen. Dieses Tagebuch sollte man so genau und konsequent wie möglich führen. Der Sinn dahinter war der, dass man ein Bewusstsein dafür entwickelte, was man wirklich ganz real an Essen konsumierte. Auch die kleinen Dinge zwischendurch fallen buchstäblich „ins Gewicht".

Übertrage das einmal auf deinen inneren, geistlich gesinnten Menschen. Lege einmal eine Eigenstudie, zum Beispiel über eine Woche an, in der du notierst, was du so alles in deine Seele und deinen Geist aufnimmst. Bei den Filmen, die du siehst, der Musik, die du hörst, den Büchern und Zeitung, die du liest usw. Wie viel Zeit kostet es dich beispielsweise, Nachrichten zu sehen und dich mit den doch meistens entmutigenden und negativen Informationen auseinanderzusetzen, die letztlich doch so wenig mit deinem eigentlichen Leben zu tun haben?

Gott nimmt unseren inneren Menschen sehr, sehr wichtig. Es soll uns in unserem Herzen und ganzen Menschen gut gehen. Wir sollen gesättigt sein, erfrischt, kraftvoll, im Frieden mit Gott und den Menschen, von Sünden gereinigt und in einer intakten Beziehung zu Jesus. Der Heilige Geist soll Gelegenheit haben, uns zu unterweisen, uns zu raten und zu trösten. Deshalb ist es wichtig, darauf zu achten, womit wir unseren inneren Menschen „füttern“ und vielleicht ist es an der Zeit, bei bestimmten Dingen eine Diät zu machen.

Und seid nicht gleichförmig dieser Welt, sondern werdet verwandelt durch die Erneuerung des Sinnes, dass ihr prüfen mögt, was der Wille Gottes ist: ***das Gute und Wohlgefällige und Vollkommene****.*
Römer 12,2

Auf Schritt und Tritt begleitet

In meinem Leben gab es oft Situationen, in denen ich nicht wusste, wie es weitergehen würde. Ich wusste nicht, wie sich die nächste Wegstrecke darstellen könnte. Ungeklärte Dinge begleiteten mich in diesen Zeiten. Ich fühlte mich manchmal unsicher und hatte viele Fragen an Gott. In diesen Situationen suchte ich ganz entschlossen die Nähe zu Jesus, zum Beispiel in den langen Nächten, in denen ich Vieles durchbetete. Und immer wieder kam der Zuspruch des Herrn in mein Herz: Er würde mir vorangehen. Er würde mich leiten. Er würde der Garant dafür sein, dass ich ankommen werde. Es war eine tiefe Gewissheit in meinem Herzen, dass Er mich nicht verpassen noch verlassen wird und ich immer einen Helfer an meiner Seite habe.

Wenn du mit Jesus unterwegs bist, kannst du sicher sein, dass Er dich auf Schritt und Tritt begleitet, dass Er vor dir hergeht und dir deinen Weg bahnt. Er begleitet dich auf jeder Wegstrecke, die du gehst, auch in Zeiten, in denen dein Weg eng und schmal wird, es dunkel ist und dein Vorankommen mühsam, in denen du nur den nächsten kleinen Schritt siehst, oder du vielleicht sogar einmal das Ziel ganz aus den Augen verloren hast.

Gerade dann gilt es, behutsam einen Schritt vor den nächsten zu setzen. Das Wort Gottes verheißt uns, dass Er uns den nächsten Schritt beleuchten wird, dass Er unsere Schritte zu einem Weg machen wird, ja, dass Er einen Weg für uns bahnen wird.

Gerechtigkeit wird vor ihm hergehen, und ***er wird ihre Tritte zum Weg machen****.*
Psalm 85,14

Eine Leuchte für meinen Fuß ist dein Wort, ein Licht für meinen ***Pfad****.*
Psalm 119,105

Er lagert mich auf grünen Auen, er führt mich zu stillen Wassern. Er erquickt meine Seele. Er leitet mich in ***Pfaden*** *der Gerechtigkeit um seines Namens willen. Auch wenn ich wandere im Tal des Todesschattens, fürchte ich kein Unheil, denn du bist bei mir; dein Stecken und dein Stab, sie trösten mich.*
Psalm 23,2-4

Hier bin ich

Es gab eine Phase im Leben Abrahams, in der er durch Gott geprüft wurde. Gott rief ihn beim Namen und Abraham antwortete sogleich: „Hier bin ich!" Er war sofort präsent und bereit, auf das zu hören, was Gott für ihn hatte. Bei Adam und Eva war es nach der Auflehnung gegen Gott ganz anders. Als Gott sie rief, versteckten sie sich vor Ihm. Sie hatten Angst, Ihm zu begegnen und zogen sich zurück.

Mein Gebet für dich ist, dass du in ständiger Bereitschaft bist, auf Gottes Stimme zu hören. Sei für Seine Wegweisung offen, selbst wenn sie, wie bei Abraham, eine Prüfung beinhalten sollte. Vielleicht musst du sogar über eine lange Distanz an dem Wort der Verheißung festhalten, obwohl noch nichts zu sehen ist. Ich wünsche dir, dass du jederzeit bereit bist zu sagen: „Hier bin ich, Herr!"

Es ist bemerkenswert, wie oft uns die Bibel diese Antwort von Menschen auf das Reden Gottes weitergibt:

Und es geschah nach diesen Dingen, da prüfte Gott den ***Abraham****.*
Und er sprach zu ihm: Abraham! Und er sagte: ***Hier bin ich!***
1.Mose 22,1

Da rief ihm der Engel des HERRN vom Himmel her zu und sprach: Abraham, ***Abraham!*** *Und er sagte:* ***Hier bin ich!***
1.Mose 22,11

Und Gott sprach zu Israel in einer nächtlichen Erscheinung und sagte: Jakob! ***Jakob!*** *Und er sagte:* ***Hier bin ich****.*
1.Mose 46,2

Als aber der HERR sah, dass er herzutrat, um zu sehen, da rief ihm Gott mitten aus dem Dornbusch zu und sprach: Mose! ***Mose!*** *Er antwortete:* ***Hier bin ich****.*
2.Mose 3,4

Da rief der HERR den ***Samuel****. Und er antwortete:* ***Hier bin ich!***
1.Samuel 3,4

Und ich [**Jesaja**] *hörte die Stimme des Herrn, der sprach: Wen soll ich senden, und wer wird für uns gehen? Da sprach ich:* ***Hier bin ich****, sende mich!*
Jesaja 6,8

Es war aber ein Jünger in Damaskus, mit Namen ***Hananias****; und der Herr sprach zu ihm in einer Erscheinung: Hananias! Er aber sprach: Siehe,* ***hier bin ich****, Herr!*
Apostelgeschichte 9,10

Die alte Waage

Lange hatte sie auf unserem Dachboden in einer Ecke gestanden: die alte Waage meiner Großmutter, die mich als Kind so sehr beeindruckt hatte. Sie hatte zwei Waagschalen. Füllte man in die eine etwas hinein, musste man in die andere mit

Eisengewichten den gleichen Wert an Gewicht einlegen, bis sich die beiden Hebel in der Mitte trafen. Neulich musste ich an diese Waage denken …

Ich hatte mich – wieder einmal – mit einigen Dingen herumgeschlagen und war missmutig über Probleme, Schmerzen und einige noch immer nicht gelöste Tatsachen. Am Ende türmte sich alles wie ein riesiger Berg in einer der Waagschalen auf.

Ich begann mit dem Herrn darüber zu reden und der Heilige Geist sprach zu mir:

„*Lege Dankbarkeit in die andere Waagschale!*“

Es war eine Aufforderung an mich, Stück um Stück Hoffnung und Zuversicht auf die andere Seite meiner Waage zu legen. Es dauerte einige Zeit und ich war ziemlich damit beschäftigt. Aber doch: Nach und nach änderte sich meine Haltung. Ich konnte die Versorgung Gottes wieder erkennen und schon bald wog eine tief in mir liegende „Trotzdem-Dankbarkeit“ all das Negative wieder auf.

Meine Waage war ins Gleichgewicht gekommen.

Und stellt euch nicht dieser Welt gleich, sondern ***ändert euch durch Erneuerung eures Sinnes****, damit ihr prüfen könnt, was Gottes Wille ist, nämlich das Gute und Wohlgefällige und Vollkommene.*
Römer 12,2

Die Feder

Grauer Staub hat sich auf der ganzen Fensterbank ausgebreitet. Selbst Vase, Kerzenständer und ein Efeugewächs sind nicht davon verschont geblieben. Mit einem Seufzer räume ich alles zur Seite. Hatte ich das nicht erst vor Kurzem schon einmal getan?

An der Fensterscheibe ziehen draußen Regentropfen lange Bahnen, als würden Tränen über ein Gesicht laufen. Auch der Baum vor dem Fenster und seine Äste sind mit Tropfen übersät. Der Himmel ist düster und mit Wolken verhangen. Alles ist in ein dunkelbraunes Etwas eingehüllt. Eine trostlose Atmosphäre …

Die Hoffnung darauf, dass jemals wieder etwas Grünes, Buntes, Lebendiges zu sehen ist, nährt sich lediglich aus der Erfahrung und dem Wissen, dass der Frühling ganz sicher kommen wird – wie in jedem Jahr! Außerdem steht diese Verheißung in der Bibel:

Solange die Erde steht, soll nicht aufhören Saat und Ernte, Frost und Hitze, Sommer und Winter, Tag und Nacht.
1.Mose 8,22

Das spreche ich schon einmal in diese trübe Situation hinein. Was ich mir jetzt wünsche sind Sonnenschein, blauer Himmel und Wärme. Etwas, was Freude und Geborgenheit vermittelt.

Als ich beginne, die Sachen wieder an ihren Platz zu stellen, sehe ich plötzlich, wie eine kleine weiße Feder direkt vor dem

Fenster langsam herunterfällt. Nein, nicht fällt: sie schwebt, gleitet, dreht sich hin und her, schaukelt. Und das alles so langsam, als ob sie alle Zeit der Welt hätte. Sie kommt wie ein Gruß des Himmels in diese trostlose Atmosphäre.

Ich kann nur staunen und frage mich, woher sie kommt? Irgendwie unerklärlich. Ich öffne die Tür nach draußen, lächle und warte, bis ich sie vor dem nassen, braunen Untergrund mit der Hand auffange. Welch ein Wunderwerk der Schöpfung! Diese kleine weiße Feder, so zart und flauschig, sie beginnt bereits meine Hand zu wärmen – und mein Herz!

Und es ist, als ob sie mir die Botschaft überbringt: Der Frühling wird kommen!

Und genau das möchte ich dir heute in deinen Umständen, Attacken und Herausforderungen zusprechen. Es ist ein Wort heute für dich, wenn du dich in einer trostlosen, grauen und scheinbar unveränderbaren Situation in deinem Leben wiederfindest.
Neues wird in dein Leben kommen! Es wird nicht in dieser Starre, Kälte, Trostlosigkeit und Aussichtslosigkeit bleiben, sondern der Herr wird dich neu beschenken. Gerade jetzt wächst Neues auf. Noch ist es nicht zu sehen, aber es wird kommen. Gott arbeitet hinter den Kulissen für dich, Er ist für dich aktiv. Er versorgt und heilt, stellt wieder her und schenkt dir Hoffnung auf Veränderung und Durchbruch, auf Neues – auf deine kleine weiße Feder, die plötzlich vom Himmel schwebt! Achte einmal darauf. Du wirst sie bestimmt bald entdecken …

Gedenket nicht des Früheren, und über die Dinge der Vorzeit sinnet nicht nach! Siehe, ***ich wirke Neues; jetzt sprosst es auf;*** *werdet ihr es nicht erfahren? … Dieses Volk, das ich mir gebildet habe, sie sollen meinen Ruhm erzählen.*
Jesaja 43,18-21

Friede im Sturm

Wenn du im Moment mitten in Lebensstürmen stehst, wenn Schwierigkeiten dich bedrohen, du beunruhigt und in Angst bist, dann gilt dir ein ganz besonderes Wort Gottes:

Und der ***Friede Gottes****, der allen Verstand übersteigt, wird eure Herzen und Gedanken bewahren in Christus Jesus.*
Philipper 4,7

Das Wort „Schalom“, das den Frieden Gottes bezeichnet, besitzt eine tiefe Bedeutung. Übersetzer haben versucht, diesen Begriff mit mehr als 25 verschiedenen Worten wiederzugeben. Er heißt so viel wie: Ganzheit, vollständig sein, wiederhergestellt sein, erfüllt sein, vollkommen unversehrt leben. Auch Wohlbefinden, äußeres und geistliches Gedeihen; Geist, Seele und Leib sind in Einheit und von Gott berührt. Dieser Schalom ist mehr, als wir in unserem Verstand erfassen können, es ist ein übernatürliches Handeln Gottes an uns.

Der HERR segne dich und behüte dich! Der HERR lasse sein Angesicht über dir leuchten und sei dir gnädig! Der HERR erhebe sein Angesicht auf dich und gebe dir ***Frieden!***
4.Mose 6,24-26

Wir können Ihn darum bitten und Seinen Schalom, Seinen tiefen Frieden empfangen. Jesus spricht dir zu, dass du nicht erschrecken und dich nicht fürchten musst, denn Er selbst ist dein Schalom! Er möchte in dir ein tiefes Werk Seiner Gnade tun, dass es dir an Leib, Seele und Geist wohl geht, du in Balance bist und in Seinem Frieden ruhen kannst. Lass dich ganz neu von Ihm beschenken.
Sprich doch gerade jetzt mit Jesus und sage Ihm: „Danke, Jesus, dass du mir Deinen umfassenden Schalom schenken wirst. Ich bitte dich, dass du mich gerade jetzt vollständig damit erfüllst!"

*Und der **Friede** des Christus regiere in euren Herzen, zu dem ihr auch berufen worden seid in einem Leib! Und seid dankbar!*
Kolosser 3,15

*Gnade, Barmherzigkeit, **Friede** von Gott, dem Vater, und von Christus Jesus, unserem Herrn!*
1.Timotheus 1,2

Aufgeben ist keine Option

„Ausharren" – welch ein eigentümliches und in unseren Ohren fremd klingendes Wort. Und doch begegnet es uns umgangssprachlich und beim Bibellesen immer wieder. In der eigentlichen Wortbedeutung beleuchtet dieses Wort Eigenschaften wie: ansiedeln, festsetzen, bleiben, ausdauernd sein, ankern. Ausharren heißt, an etwas dranzubleiben, etwas zu erwarten, in Bereitschaft stehen zu bleiben und darauf zu warten. Sind das nicht genau die Dinge, um die es in unserem Glaubensleben geht?

Das geduldige Ausschauhalten nach der Hilfe und dem Eingreifen Gottes? Ausharren ist eine Eigenschaft, die in unserem Leben als Kinder Gottes immer wieder gefragt ist.

Beharrlich habe ich auf den HERRN ***geharrt****, und er hat sich zu mir geneigt und mein Schreien gehört.*
Psalm 40,2

Harre *auf den HERRN, so wird er dich retten!*
Sprüche 20,22

Gibt es Bereiche in deinem Leben, in denen dieses Warten und Erwarten für dich aktuell angesagt ist? Auch Apostelgeschichte 1 spricht vom Ausharren bzw. Verharren:

Diese alle ***verharrten*** *einmütig im Gebet mit einigen Frauen und Maria, der Mutter Jesu, und mit seinen Brüdern.*
Apostelgeschichte 1,14

Die Jünger Jesu waren entschlossen, im Gebet dranzubleiben. Sie wollten nicht nachlassen. Aufgeben war keine Option für sie. Sie warteten auf das Geschenk, das der Herr ihnen angekündigt hatte. Sie warteten auf das „Mehr von Gott!“ Lass dich davon inspirieren. Bleib auch du dran und übe dich im Ausharren, bis du all das empfangen hast, was Gott für dich bereit hat.

Ausharren bedeutet deshalb für dich und mich:
- In unverwandter Aufmerksamkeit bleiben
- Festhalten an Jesus
- Seinen Heiligen Geist erwarten
- Sein „Mehr“ unbedingt haben wollen

- In einer festen Erwartungshaltung stehen bleiben
- Ankern
- Wohnen im Wort Gottes
- Ausdauernd bleiben

Sie stärkten die Seelen der Jünger und ermahnten sie, im Glauben zu ***verharren****.*
Apostelgeschichte 14,22

… und ermahnte alle, mit Herzensentschluss bei dem Herrn zu ***verharren****.*
Apostelgeschichte 11,23

Täglich ***verharrten*** *sie einmütig im Tempel und brachen zu Hause das Brot, nahmen Speise mit Jubel und Schlichtheit des Herzens.*
Apostelgeschichte 2,46

Glaube kommt!

Hast du Glaubensprojekte in deinem Leben, deren Verwirklichung du herbeisehnst? In unserem Leben hatten wir riesige Glaubensprojekte, die wir schon lange im Gebet „umrundet" hatten. Doch alles sah so unmöglich aus! Ich wusste, dass das Wort Gottes sagt, dass, wenn wir Glauben hätten, aus unserem Leib Ströme lebendigen Wassers fließen würden. Doch bei genauerem Hinsehen stellte ich fest, dass das, was ich da sah, kein Strom, ja, noch nicht einmal ein Bach oder Rinnsal war, sondern bestenfalls ein paar Tropfen.

Wie sollte ich Glauben „machen"?

Ich betete und der Herr sagte:

„Habe Glauben mein Kind!"

Habe Glauben! Ich wich dieser Herausforderung nicht aus, sondern forschte in der Schrift und betete um Offenbarung durch den Heiligen Geist. Dann entdeckte ich etwas sehr Freisetzendes für mich. Es war eine Bibelstelle, die ich in meinem Leben sicher schon hundert Mal gelesen und gehört hatte:

Und doch ***kommt der Glaube*** *durch das Hören dieser Botschaft, die Botschaft aber kommt von Christus.*
Römer 10,17

Da hieß es doch tatsächlich, dass der Glaube kommt! Er kommt zu mir – einfach so! Es war mir, als würde ein Vorhang zur Seite gezogen, was mir eine ganz neue Sicht gab. Der Glaube kommt … wenn wir unter der Verkündigung des Wortes bleiben, wenn unser Herz die Botschaft aufnimmt. Der Glaube kommt auch für dich. Streck dich aus nach Gottes Wort, denn daraus kommt Glaube, und er wird dein Herz erfüllen und dich tragen. Er wächst, er nimmt zu, er kommt immer mehr und mehr. Glaube ist Ja-Sagen, ist Reagieren und Antworten auf das Wort Gottes. Er ist ein Austausch unseres Herzens mit dem Herzen und Verlangen Gottes. Er fließt wie ein Strom in dein Leben hinein … und wird auch wie ein Strom aus dir herausfließen.

Wer an mich ***glaubt****, wie die Schrift gesagt hat, aus seinem Leibe werden Ströme lebendigen Wassers* ***fließen****.*
Johannes 7,38

Ein Meer von Unmöglichkeiten

In unserem Leben kommen wir immer einmal wieder an einen Punkt, an dem wir einem „Meer von Unmöglichkeiten" gegenüberstehen. Es ist nicht nur ein kleiner Bach, den wir locker mit einem Sprung überwinden könnten. Nein, es ist ein Meer, tief, beängstigend und unüberwindlich. Unerwartete Probleme sind aufgetaucht, Situationen haben sich schlecht entwickelt, Entscheidungen von Menschen, mit denen wir eng verbunden sind, machen uns schwer zu schaffen. Dinge, für die wir von ganzem Herzen geglaubt und gebetet haben, sind noch nicht in Erfüllung gegangen. Und nun stehen wir vor diesem „Meer" und wissen nicht weiter.

Die Gefahr ist – wie damals bei dem Volk Israel bei der Wanderung in das ihnen von Gott verheißene Land – dass wir in solchen Situationen in unserem Glaubensleben enttäuscht sind, sauer, motzig, unzufrieden, voller Vorwürfe und Anklage. Vielleicht haben wir auch Angst oder ziehen uns sogar von Gott zurück. Der Bibel sind solche Situationen wahrlich nicht unbekannt.

Werft nun eure Zuversicht nicht weg, die eine große Belohnung hat. ***Wir aber sind nicht von denen, die zurückweichen*** *zum Verderben, sondern von denen, die da glauben zur Errettung der Seele.*
Hebräer 10,35+39

Gehöre nicht zu denen, die zurückweichen, denn Gott hat eine Lösung für „das Meer deiner Unmöglichkeiten" vorbereitet. Für die Israeliten teilte Er einst das Rote Meer, so dass sie hindurchziehen konnten. Der feind konnte sie nicht überwinden und der Herr schaffte einen übernatürlichen Durchbruch. Das wird Er auch für dich tun, wie auch immer dein ganz persönliches Meer aussehen und wie unüberwindbar es auch scheinen mag.

Unmögliches wird möglich durch Ihn! Unwahrscheinliches wird wahrscheinlich durch Ihn! Unerreichbares wird erreichbar durch Ihn! Undenkbares wird denkbar durch Ihn! Bleibe zuversichtlich, dass Gott für dich handelt und dich ganz persönlich durch „das Meer deiner Unmöglichkeiten" hindurchbringen wird.

Mose aber antwortete dem Volk: Fürchtet euch nicht! ***Steht und seht die Rettung des HERRN****, die er euch heute bringen wird! Denn die Ägypter, die ihr heute seht, die werdet ihr weiterhin in Ewigkeit nicht mehr sehen.*
2.Mose 14,13

Der Bach Besor

Hast du schon einmal vom Bach Besor gehört? Was hat es mit diesem Ort auf sich? Es ist ein Ort der völligen Erschöpfung, ein Ort, an dem man einfach nicht mehr weiterkann und liegen bleibt. Du kannst die Begebenheit in 1. Samuel 30 nachlesen. David hatte sich mit seinen Kämpfern und allen Familien in der Stadt Ziklag niedergelassen. Nachdem seine Truppe mehrere Tage unterwegs gewesen war, kamen sie wieder zurück in die Nähe ihres Wohnortes und sahen, dass Rauch aufstieg. Als sie in der Stadt ankamen, war nichts mehr da, nur noch Asche. Frauen und Kinder waren mitsamt allem Besitz von feindlichen Truppen verschleppt worden, die ihnen in den Rücken gefallen waren.

David tat das einzig Richtige in dieser Situation. Er wandte sich an Gott und fragte: Was soll ich tun? Soll ich dem Feind nachjagen? Gott war gnädig und antwortete ihm:

Ja, du wirst sie gewiss einholen und die Gefangenen ganz gewiss befreien!
1.Samuel 30,8

Also gingen sie los. Und irgendwann auf dem weiten Weg mit all seinen Strapazen kamen sie an den Bach Besor. Hier lesen wir von einer interessanten Entwicklung. 200 Männer blieben erschöpft dort am Bach liegen. 200 Kämpfer, die zu müde geworden waren, zu erschöpft, um sich weiterschleppen zu können. Sie waren so zerschlagen, dass sie noch nicht einmal in der Lage waren, ihre eigenen Frauen und Kinder aus den Krallen der feindlichen Kämpfer zu befreien.

Warst du jemals dort? Weißt du, wie das ist? Vielleicht hast du schon einen langen Kampf hinter dir und manche Siege eingefahren. Aber jetzt bist du enttäuscht, ausgelaugt, leer, fertig, müde, krank; die Luft ist raus. Ich weiß wie das ist, da ich vor Kurzem ein ähnliches Erlebnis hatte. Von einem auf den anderen Tag konnte ich nicht mehr. Bei mir war es eine heftige Krankheitsattacke, die mich am Bach Besor liegen ließ. Nichts ging mehr. Gar nichts.

Was tut man, wenn man in dieser Lage ist? Die biblische Geschichte berichtet, dass David mit 400 Mann weiterjagte. Die Gegner waren gerade dabei, ein Freudenfest wegen der großen Beute, die sie gemacht hatten, zu feiern, als David sie schlug, bis kaum einer übrig blieb. Und wie Gott verheißen hatte, waren alle Frauen und Kinder unverletzt – es gab sogar noch fette Beute.

Was machten derweil die müden Kämpfer, die am Bach Besor zurückgeblieben waren? Was machst du, wenn du dich dort befindest? Schlafen, fernsehen, endlich mal so richtig ausspannen? Chillen, relaxen, abhängen? Reicht das aus, um in deinem Inneren wirklich gestärkt daraus hervorzugehen? Nicht nur unser Körper braucht das Maß an Ruhe und neuer Stärke, auch unser innerer Mensch ist betroffen. Hier ist die Rede von einem Bach. Wenn in der Bibel von Wasser die Rede ist, so ist das häufig ein Bild für das Wirken des Heiligen Geistes an den Menschen. Er will uns in unseren angefochtenen, traurigen, kranken, schweren Zeiten dienen. Er will uns erfrischen und neu beleben. Er will dir gerade jetzt dienen – wenn du das Gefühl hast, dass du zerschlagen an diesem Bach liegst.

Er gebe euch nach dem Reichtum seiner Herrlichkeit, ***mit Kraft gestärkt zu werden durch seinen Geist an dem inneren Menschen****; dass der Christus durch den Glauben in euren Herzen wohne und ihr in Liebe gewurzelt und gegründet seid, damit ihr imstande seid, mit allen Heiligen völlig zu erfassen, was die Breite und Länge und Höhe und Tiefe ist, und zu erkennen die die Erkenntnis übersteigende Liebe des Christus, damit ihr erfüllt werdet zur ganzen Fülle Gottes. Dem aber, der über alles hinaus zu tun vermag, über die Maßen mehr, als wir*

erbitten oder erdenken, gemäß ***der Kraft, die in uns wirkt****,*
ihm sei die Herrlichkeit in der Gemeinde und in Christus Jesus auf alle Geschlechter hin von Ewigkeit zu Ewigkeit! Amen.
Epheser 3,16-21

Und noch etwas ganz Erstaunliches: Die 200 Kämpfer, die am Bach Besor liegen geblieben waren, hatte Gott im Blick. Als David mit allem Besitz und Beute zurückkam, wurde auch ihnen der ihnen zustehende Anteil an der Beute gegeben. So wurden auch sie Teilhaber am Sieg und an der Beute. Auch für sie galt: Gott hat mehr für dich!

Die Herzensprüfung

Ich denke, dass du ebenso wenig gerne wie ich in Prüfungssituationen stehst. Jeder kennt die Anspannung und die Aufregung: Wird es reichen, was ich gelernt habe; bin ich gut vorbereitet; habe ich etwas verpasst zu lernen; habe ich das Richtige gelernt; kommt das richtige Thema dran, in dem ich mich auskenne? Wir empfinden den Druck, der dahinter steht und der auch nicht so einfach von uns genommen wird. Wir alle kennen auch die Erleichterung, wenn eine Prüfung hinter uns liegt und erst recht dann, wenn wir darin erfolgreich gewesen sind.

In unserem Glaubensleben ist es genauso. Wir alle kommen in geistliche Prüfungssituationen, die denen im Natürlichen eigentlich verblüffend ähnlich sind. Ich stelle mir dieses Herausgefordertsein wie eine Klassenarbeit, eine Klausur vor.

Ich bekomme eine bestimmte Aufgabe, ein Thema, und dann beginne ich, mich daran zu erinnern, was ich mit Jesus auf meinem Glaubensweg schon gelernt habe. Der Heilige Geist in mir beginnt, mir diese Wahrheiten ins Gedächtnis zu rufen, mich zu führen, zu unterstützen, mich anzuleiten, wie ich in diesen „Prüfungsfragen" meines Lebens antworten oder reagieren kann. Ich bin nicht unvorbereitet, der Herr hat mich geschult. Es ist eine Prüfung, die ich bestehen kann. In der Tat ist es Gottes Plan, dass ich siegreich aus dieser Situation herausgehe. Denn Er ist dabei. Er sieht mich. Er hat alles in mich hineingelegt, mich gelehrt, mich unterrichtet, mich vorbereitet und korrigiert, so dass ich von der Prüfung nicht überwältigt werde, sondern im Glauben siegreich hindurchschreiten kann.

Ich habe diesbezüglich eine bemerkenswerte Bitte Davids gelesen:

***Erforsche mich**, Gott, und erkenne mein Herz. **Prüfe mich** und erkenne meine Gedanken! Und sieh, ob ein Weg der Mühsal bei mir ist, und leite mich auf dem ewigen Weg!*
Psalm 139,23-24

Wenn du gerade jetzt in einer Prüfungssituation stehst, sei dir sicher, dass der Herr mit allen deinen Prüfungen vertraut ist und Sein mächtiger Arm dich halten und leiten wird. Selbst die richtigen Worte wird er dir in den Mund legen. Am Ende wirst du sehen, dass du mehr von Gott empfangen kannst.

*Mein Wandeln und mein Liegen – du **prüfst** es. Mit allen meinen Wegen bist du vertraut.*
Psalm 139,3

Der Schmelztiegel für das Silber und der Ofen für das Gold; aber ein ***Prüfer der Herzen*** *ist der HERR.*
Sprüche 17,3

Du aber, HERR, du kennst mich, du siehst mich und ***prüfst mein Herz****, wie es zu dir steht.*
Jeremia 12,3

Ich habe erkannt, mein Gott, dass du ***das Herz prüfst****, und an Aufrichtigkeit hast du Gefallen.*
1.Chronik 29,17

Ein Depot der Herrlichkeit

Nicht weit von uns entfernt liegen zahlreiche Logistikcenter. Die Depots sind riesig und man kann nur erahnen, was sich hinter den Mauern in den Hochregalen alles verbirgt. Wenn ich dort vorbeifahre, denke ich manchmal, dass es für uns ein Depot der Herrlichkeit Gottes gibt, ein himmlisches Lagerhaus voll Seiner Segnungen.

Ein Lagerhaus, in dem für jeden etwas dabei ist – ein Vorrat, der nie zu Ende geht. Jeder kann etwas von dort empfangen, gerade passend für seine Situation. Aber dennoch gibt es eine Voraussetzung für jeden, der von dort etwas erhalten möchte: Er muss dazu die Hände leer haben.

Es gibt so viele Dinge in unserem Alltagsleben, die uns davon abhalten, etwas Neues zu empfangen. Sie wurden uns in die

Hände gelegt oder wir haben sie uns selbst genommen. Das eine oder andere davon müssen wir einfach loslassen. Hältst du beispielsweise Dinge fest, die eine falsche Sicherheit bedeuten? Oder Beziehungen, die dir nicht gut tun? Halten Sorgen und Bedenken dich gebunden?
Was auch immer es ist, der Heilige Geist möchte dir heute helfen, diese Dinge aus den Händen zu legen, damit du wirklich etwas Neues von Jesus empfangen kannst.

Gepriesen sei der Gott und Vater unseres Herrn Jesus Christus! Er hat uns gesegnet ***mit jeder geistlichen Segnung*** *in der Himmelswelt in Christus*
Epheser 1,3

… spricht der HERR der Heerscharen, ob ich euch nicht die Fenster des Himmels öffnen und ***euch Segen ausgießen werde*** *bis zum Übermaß!*
Maleachi 3,10

Strategien gegen den feind

Manchmal sagen mir Menschen: „Ach weißt du, mit dem Alten Testament kann ich so gar nichts anfangen. Immer diese Kämpfe und Kriege. Gute Zeiten, schlechte Zeiten, guter König, schlechter König. Ganz zu schweigen von den Propheten …!"

Doch eins ist klar: Wir brauchen das Gesamtzeugnis der Heiligen Schrift. Man kann kein erstes Stockwerk errichten, wenn man es nicht auf einem bereits vorhandenen Erdgeschoss aufbaut. So ist es auch mit dem Alten und dem Neuen Testament. Das eine ohne das andere geht nicht. Das Neue Testament ohne die solide Basis des Alten Testamentes bietet keine verlässliche geistliche Stabilität.

Die Zeugnisse, die Gott mit den Menschen des Alten Bundes schrieb, zeigen uns unter anderem, wie der teufel agiert und wie Gottes Aufträge und Anweisungen lauten, um den feind zu besiegen. Das Interessante dabei ist, dass es in all den zahlreichen Kampfsituationen, Schlachten und Kriegen der Bibel nie die gleiche Lösung oder Strategie gibt. Es gibt kein ‚Schema F', keine abzuarbeitende Liste, keine Standard-Vorgehensweise. Die Strategie Gottes ist immer anders, immer der jeweiligen Situation angepasst. Denn Gott will, dass wir uns nicht auf eine gut bewährte und vielfach erprobte Methode verlassen, sondern in jeder Herausforderung nach Ihm ausstrecken. Die richtige Vorgehensweise gegen den feind ist etwas, was immer direkt und individuell in der jeweiligen Situation von Gott empfangen werden muss.

Wie ist das bei deinen feinden, bei den Dingen, die dir entgegenstehen? Hast du den Herrn gefragt, was Er dir an ganz persönlicher Strategie schenken und offenbaren möchte? Vielleicht ist es mit Gebet und Fasten verbunden, den feind in deinem Leben zu besiegen. Oder mit einem echten Vertiefen in Gottes Wort, um zu hören, was Er zu dieser, deiner speziellen Jetzt-Situation zu sagen hat. Oder durch Vergebung, Wiedergutmachung, Klärung von Dingen aus der Vergangenheit, die du noch bereinigen musst, Disziplin in einem bestimmten Lebensbereich …
Höre auf den Herrn und bitte den Heiligen Geist, dir ganz gezielt und präzise Offenbarung zu schenken, wie du die feinde deines Lebens real und dauerhaft überwinden kannst.

Beschämt und tief bestürzt werden alle ***meine Feinde****; sie müssen zurückweichen, werden plötzlich beschämt.*
Psalm 6,11

Meine Feinde *aber – du hast sie vor mir in die Flucht geschlagen, und meine Hasser, ich habe sie vernichtet.*
Psalm 18,41

Lehre mich, HERR, deinen Weg, und leite mich auf ebenem Pfad wegen ***meiner Feinde!***
Psalm 27,11

Mein gnädiger Gott wird mir zuvorkommen; Gott wird mich herabsehen lassen auf ***meine Feinde****.*
Psalm 59,11

Dein Gebot macht mich weiser als ***meine Feinde****. Denn ewig ist es mein!*
Psalm 119,98

Wenn ich auch mitten in Bedrängnis wandeln muss – du belebst mich. Gegen den Zorn ***meiner Feinde*** *wirst du deine Hand ausstrecken, und deine Rechte wird mich retten.*
Psalm 138,7

Die Sache mit der Frucht des Geistes …

Viele Menschen leiden immer wieder darunter, dass sie in verschiedenen Bereichen ihres Lebens keinen echten Sieg erleben. Sie brechen zum Beispiel schnell in Zorn und Ärger aus, sind wütend, unausgeglichen, gehen in Opposition, blockieren andere. Manche reagieren mit Eifersucht und Neid auf das, was andere haben oder fühlen sich ständig nur zurückgesetzt. Da gibt es Feindschaften in Beziehungen, Ich-Bezogenheit und ständige Auseinandersetzungen. Manche leiden darunter, unkontrolliert zu essen, zu rauchen, zu viel fernzusehen, sich auf negativen Internetseiten herumzutreiben, am Computer zu spielen und vieles mehr. Was auch immer dein Problem sein mag, die Bibel spricht sehr deutlich und unmissverständlich zu uns und bezeichnet diese Haltungen als ‚Werke des Fleisches', die sich gegen den Geist stellen:

Offenbar aber sind ***die Werke des Fleisches****; es sind: Unzucht, Unreinheit, Ausschweifung, Götzendienst, Zauberei, Feindschaften, Streit, Eifersucht, Zornausbrüche, Selbstsüchteleien, Zwistigkeiten, Parteiungen, Neidereien, Trinkgelage, Völlereien und dergleichen. Von diesen sage ich euch im Voraus, so wie ich vorher sagte, dass die, die so etwas tun, das Reich Gottes nicht erben werden.*
Galater 5,19-21

Jetzt antworten einige vielleicht: „Ich kann nicht anders, ich bin eben so gestrickt“, oder: „Ich habe schon so oft versucht, mich zu ändern, ich schaff es einfach nicht“, oder: „Ich bin eigentlich gar nicht schuld, es sind die anderen, wenn sie besser mit mir umgehen würden, dann …!“ Oder: „Ich habe aufgegeben, dagegen zu kämpfen. Ich lebe jetzt einfach damit.“

Ich glaube, dass das die falsche Blickrichtung ist. Du bist als Kind Gottes diesen Dingen nicht schutzlos oder ohnmächtig ausgeliefert. Die Kraft Gottes lebt in dir. Der Heilige Geist ist in dein Herz ausgegossen, mit Ihm zusammen können sich Dinge verändern, die noch so festgefahren sind. Gleich im Anschluss an die Beschreibung des ‚Fleisches‘ schreibt Paulus deshalb über die Frucht des Geistes. Und wie entspannend ist es, das zu lesen:

Die Frucht des Geistes *aber ist: Liebe, Freude, Friede, Langmut, Freundlichkeit, Güte, Treue, Sanftmut, Enthaltsamkeit.*
Galater 5,22-23

Fange heute an, diese Frucht des Geistes zu begehren. Strecke dich mehr als alles andere in deinem Leben danach aus, sie freigesetzt zu sehen. Bete darum. Die Frucht des Geistes ist eine bleibende Frucht. Sie hat Ewigkeitswert. Sprich aus, proklamiere das Wort in dein Leben hinein, dass Liebe, Freude, Friede, Langmut, Freundlichkeit, Güte, Treue, Sanftmut und Enthaltsamkeit immer mehr Raum einnehmen und dich in deinem Verhalten dauerhaft prägen werden.

Und lerne, mit dem Heiligen Geist zusammenzuarbeiten. Vertraue Ihm, lass dich verändern, setze dich Seinem reinigenden, heilenden Licht aus. Du und ich, wir wollen zu denen gehören, die sagen: Es gibt mehr bei Gott – und zwar auch in all den Bereichen, die dich jetzt noch bedrängen und in denen du zu kämpfen hast. Jesus hat den Sieg!

Zieht nun an als ***Auserwählte Gottes****, als* ***Heilige*** *und* ***Geliebte****: herzliches Erbarmen, Güte, Demut, Milde, Langmut!*
Kolosser 3,12

Deine Berufung

Gott hat eine Berufung für dein Leben. Gemeint ist damit, dass du etwas ganz Spezielles von Ihm empfängst, einen Plan, den du erfüllen sollst, eine Aufgabe, zu der Er dich ausrüstet und befähigt. Durch deinen Lebensweg, durch verschiedene Lebenssituationen und Umstände, formt der Herr dich wie durch ein speziell zugeschnittenes Trainingsprogramm, so dass du zunehmend in deine Berufung hineinwächst und sie erfüllst.

Ich denke immer wieder einmal über meine eigene Berufung nach. Ich mache sozusagen eine Bestandsaufnahme. Wo stehe ich? Bin ich noch im Plan, den der Herr mit meinem Leben hat? Was ist meine Motivation? Vor einiger Zeit war ich wieder einmal an solch einem Punkt angekommen. Ich habe meine Familie, um die ich mich kümmern muss, habe einen Job, bin im Reich Gottes so richtig beschäftigt und unterwegs und erledige eben alles, was so zu tun ist und anfällt. Und dann war da dieser eine Satz, den ich in mir hörte: „Ich mach doch schon alles!“ Plötzlich stand dieser Satz vor mir und ich merkte, dass ich kein gutes Gefühl dabei hatte. Ich begann zu beten: „Herr Jesus, du kennst mein Herz genau. Meine Gedanken sind Dir nicht fremd. Ich will nicht mein eigenes Ding machen. Ich möchte Dir von ganzem Herzen dienen. Was ist Deine Berufung für mich? Was möchtest Du, was ich wirklich tun soll? Gibt es Dinge, die ich ablegen, die ich nicht tun soll oder muss?"

Seine Antwort kam schnell, war sehr deutlich und traf mich mitten ins Herz:

„Ich möchte, dass du Mich von ganzem Herzen und mit allem, was in dir ist, liebst!"

Ja, sofort war in mir alles deutlich zu sehen. Ich hatte Ihn fast ausgeklammert und „meinen Schaff" alleine gemacht, aus eigener Kraft so viel gegeben. Ich hatte nicht aus Seiner Kraft, aus Seinem Geben gelebt und gearbeitet. Ich hatte zwar „geeifert für den Herrn", aber nicht mit der richtigen Motivation, weil es weniger um Ihn ging als vielmehr um mich.
Wenn du ähnliche Gedanken und Haltungen kennst, dann kann ich dir sagen – und ich bin mir dabei ganz sicher – Jesus will dir heute ganz neu in dein Herz sprechen, dass Er auf dich wartet … auf dich … nur auf dich! Nicht auf das, was du für Ihn tust, was du leistest oder was du alles geschafft hast. Er wartet auf dich und dein Herz, das Ihn anbetet und liebt. Und aus dieser liebevollen persönlichen Beziehung zwischen Jesus und dir wird deine ganz spezielle Berufung geformt. Und noch mehr: Du wirst nicht ausbrennen, nicht müde hinter allem und jedem herjagen. Aus der Beziehung zu Jesus wird deine Kraft kommen, deine Freude für den Dienst, dein Gesättigtsein im Leben.

Er aber sprach zu ihm: Du sollst den Herrn, deinen ***Gott, lieben mit deinem ganzen Herzen und mit deiner ganzen Seele und mit deinem ganzen Verstand****. Dies ist das größte und erste Gebot.*
Matthäus 22,37-38

Jeder, der glaubt, dass Jesus der Christus ist, ist aus Gott geboren; und jeder, der den liebt, der geboren hat, liebt den, der aus ihm geboren ist.
1.Johannes 5,1

Mache keine Kompromisse

Willst du, dass es dir alle Tage gut geht? Dass du gut auf deinem Lebensweg vorankommst? Dass sich die Dinge zur richtigen Zeit gut entwickeln und ergeben? Natürlich, jeder von uns möchte genau das! Als ich vor Kurzem in 5. Mose las, wie das Volk Israel in das verheißene Land einziehen sollte, wurde mir neu bewusst, dass es von Gott dazu präzise Vorgaben bekommen hatte. Diese gab Er zum Schutz und zur Sicherheit, „*damit es uns gut geht alle Tage*".

So wie es damals bei dem Volk Israel im Natürlichen war, so ist es heute bei uns im Geistlichen. Auch wir sind in unserem Glaubensleben unterwegs in das Land unserer persönlichen Verheißung. Auch für uns gilt deshalb, dass bestimmte Bedingungen einzuhalten sind, wenn wir wollen, dass es uns alle Tage gut gehen soll. Wir dürfen keine Bündnisse mit dem feind eingehen, keine Kompromisse mit Sünde machen und müssen all das, was der teufel uns anbietet, entschlossen zurückweisen. Wir müssen wachsam sein und dürfen unsere Grenzen nicht aufgeben.

Manche sagen: „Ach, die anderen machen das doch auch, der Herr wird schon gnädig mit mir sein." Der Herr vermutlich schon, aber du musst wissen, dass du dann willentlich mit dem feind zusammenarbeitest – und der kennt keine Gnade. Er ist immer sehr schnell da, er wird immer rauben und zerstören.

Mache dir deshalb ganz neu bewusst, dass du zu dem auserwählten Geschlecht und dem königlichen Priestertum gehörst. Deine Bestimmung ist es, dem Herrn, deinem Gott, heilig zu sein.

Ihr aber seid ein ***auserwähltes Geschlecht****, ein* ***königliches Priestertum****, eine heilige Nation, ein* ***Volk zum Besitztum****, damit ihr die Tugenden dessen verkündigt, der euch aus der Finsternis zu seinem wunderbaren Licht berufen hat.*
1.Petrus 2,9

Denn du bist dem HERRN, deinem Gott, ein ***heiliges Volk****. Dich hat der HERR, dein Gott, erwählt, dass du ihm zum* ***Volk seines Eigentums*** *wirst aus allen Völkern, die auf dem Erdboden sind.*
5.Mose 7,6

… ***damit es uns gut geht alle Tage*** *und er uns am Leben erhält, so wie es heute ist. … Wenn der Herr, dein Gott, dich in das Land bringt … um es in Besitz zu nehmen … dann sollst du … keinen Bund mit ihnen* [den anderen Völkern] *schließen noch ihnen gnädig sein.*
5.Mose 6,24-7,2

Verlorene Schlüssel

Vor einiger Zeit musste ich einen Gang zur Stadtverwaltung machen. Ich wartete und sah mich um. An der Wand hing eine Tafel mit sicherlich 20 Schlüsseln und ganzen Schlüsselbunden. Sie waren verloren worden. Ich wunderte mich, dass niemand nach ihnen gefragt hatte. Offensichtlich rechneten die Besitzer nicht damit, dass ihre verlorenen Schlüssel wiedergefunden und abgegeben worden waren. Sie hatten sie wohl aufgegeben …

Jeder von uns kennt das Gefühl, wenn man etwas Wichtiges verloren hat. Meistens reagieren wir mit Hektik und Unruhe, schnellem Herzschlag, Schwitzen. Wir überlegen, wo und wann wir den Gegenstand zum letzten Mal gesehen haben, suchen hier und da und forschen vielleicht sogar an den unmöglichsten Stellen nach. Und wenn der Gegenstand wieder auftaucht, sind wir erleichtert und voller Freude.

Ich habe mich gefragt: Wie würden wir reagieren, wenn wir das Wort Gottes verlieren würden? Ich meine mit dieser Frage: Würdest du das Wort Gottes in deinem Alltag vermissen, wenn es irgendwann nicht mehr da wäre? Würde es einen Unterschied in deinem Leben machen? Würdest du alles daransetzen, um es wiederzufinden? Oder würdest du es auch so aufgeben wie die Besitzer dieser Schlüssel?

Vielleicht hast du das Wort Gottes in deinem Leben sogar gerade verloren? Das kann ganz allgemein der Zugang und die Beschäftigung mit dem ‚Logos', der Heiligen Schrift und der Fülle ihrer Weisheit und Wahrheit sein – oder es kann das spezifische ‚Rhema'-Wort sein, das du vom Herrn ganz persönlich für dich empfangen hast.

Jesus erzählt verschiedene Gleichnisse, in denen es um das Verlieren und das Verlorensein geht. Er erzählt vom verlorenen Schaf, vom verlorenen Groschen, vom verlorenen Sohn …

Wenn du den Eindruck hast, dass du in deinem persönlichen Leben das Wort Gottes in einem gewissen Maße verloren hast, dann setze alles daran, es wiederzufinden und wieder aktiv in deinen Alltag einzubauen. Denn Sein Wort ist das Wichtigste für dich. Es kann dein Herz erfrischen und stärken, dir in Nöten helfen, dir Freude und Kraft geben. Sein Wort ist Heilung für deinen ganzen Leib[5] … und so vieles, vieles mehr.

Ganz nah ist dir ***das Wort****, in deinem Mund und* ***in deinem Herzen****, um es zu tun!*
5.Mose 30,14

Mein Sohn, auf meine Worte achte, meinen Reden neige dein Ohr zu! Lass sie nicht aus deinen Augen weichen, bewahre sie im Innern deines Herzens! Denn Leben sind sie denen, ***die sie finden, und Heilung für ihr ganzes Fleisch****.*
Sprüche 4,20-22

5 Sprüche 3,8

Hast du eine ganze Liste mit Gebeten?

In meinem Gebetsleben stand ich früher häufig mit einer ganzen Liste von Anliegen vor Gott. Es war wie eine Einkaufsliste mit Dingen, die ich mir jetzt bei Gott „abholen" wollte, die mir zustanden, die ich unbedingt jetzt und sofort brauchte. Doch irgendwann bekam ich eine völlig neue Sicht und mein Gebetsleben änderte sich grundlegend. Ich fand zahlreiche Berichte in der Bibel, in denen es zunächst einmal darum ging, in einer bestimmten Situation den Herrn zu bitten, die Schritte zu lenken und die richtige Strategie zu schenken. Dabei wurde Gott immer an die erste Stelle gesetzt, denn Er ist der Geber aller guten Gaben:

Jede gute Gabe *und jedes vollkommene Geschenk kommt von oben herab, von dem Vater der Lichter, bei dem keine Veränderung ist noch eines Wechsels Schatten.*
Jakobus 1,17

Ich verstand, dass ich mich mehr mit dem Geber als mit der Gabe beschäftigen sollte, mehr mit dem Herrn als mit der Lösung meiner Anliegen. Ich begann in der Beziehung zu Jesus zu wachsen. Der Heilige Geist offenbarte mir den Vater, der mich als Sein Kind sah und meine Bedürfnisse längst kannte. So bekam ich in meinem Gebetsleben eine ganz andere Sicht der Dinge. Auf einmal war es keine Einkaufsliste mehr, die abzuarbeiten war, sondern das Bedürfnis, mit meinem Herrn zu sprechen. An die erste Stelle meines Gebetslebens trat Dankbarkeit, die mich mit Ihm, dem Geber, verband. Sie ist ein wichtiger Schlüssel für unsere ganze Haltung und erfüllt unser

Herz. Ja, auch in den schwierigen Situationen, auch wenn ich betrübt bin, auch wenn ich mich nach Frieden und Ruhe von der Hast und den Herausforderungen des Alltags sehne. Auch wenn ich mitten in Schmerzen nur einen Satz herausbringe: „Jesus, danke, du hast den Sieg!“

Deshalb mein Tipp: Stelle auch du den Geber und den Dank an die erste Stelle, wenn du betest. Geh mit Lobpreis in dein Gebet hinein, denn der Lobpreis ist es, der die Tür zum Sieg öffnet. Gib Ihm dein Herz, wenn es verzagt ist und Er wird dich mit Seinem Frieden, Seiner Freude und Stärke segnen, dir einen neuen Ausblick und Erfrischung schenken.

Und der Friede des Christus regiere in euren Herzen, zu dem ihr auch berufen worden seid in einem Leib! Und seid ***dankbar!***
Kolosser 3,15

Deshalb lasst uns, da wir ein unerschütterliches Reich empfangen, ***dankbar*** *sein, wodurch wir Gott wohlgefällig dienen mit Scheu und Furcht!*
Hebräer 12,28

… gefestigt im Glauben, wie ihr gelehrt worden seid, indem ihr überreich seid in ***Danksagung!***
Kolosser 2,7

Gib Ihm das, was du hast

Der Herr fordert uns in unserem Glaubensleben immer wieder dazu auf, unseren Glauben an Seine Macht und Sein Wirken auszudehnen. Er will den Glaubenshorizont, den wir uns persönlich gesteckt haben, erweitern. Nicht nur das, was wir bisher kennen, nein, Er will uns mehr Kraft, mehr Segen und mehr Sieg geben. Doch dazu müssen wir bereit sein, uns von Ihm auch tatsächlich gebrauchen zu lassen.

Du kennst das sicherlich. In deinem Inneren spürst du, dass du etwas ganz Bestimmtes tun sollst, zum Beispiel einen kleinen Auftrag ausführen. Es ist die Stimme des Herrn und Er fragt dich, ob du dich von Ihm gebrauchen lassen willst. Es ist beispielsweise die Aufforderung, jemanden zu trösten, jemanden zu ermutigen, für einen Kranken zu beten, jemandem einen Ratschlag zu geben, jemanden anzurufen, etwas in Ordnung zu bringen, ein Versprechen einzulösen, eine alte Sache zu bereinigen usw. Du selbst weißt am besten, was der Herr möchte und was du tun sollst.

Nun haben wir zwei Möglichkeiten. Entweder wir tun es sofort, gehorsam und ohne zu zweifeln. Das ist häufig sehr segensreich und bringt uns im Nachhinein Freude. Oder wir beginnen zu überlegen und zu argumentieren, warum das, ganz nüchtern und logisch betrachtet, nicht passt, was alles dagegen spricht und warum es gerade jetzt und hier eben nicht möglich ist, es zu tun.

Das klingt dann beispielsweise so:

- „Ich bin selber traurig, wie sollte ich da jemanden trösten?"
- „Ich bin selber im Moment mutlos, wie sollte ich da jemanden ermutigen?"
- „Ich bin selber krank, wie sollte ich da für jemanden beten, dass er gesund wird?"

Doch genau dadurch behinderst du den Segen Gottes in deinem Leben.

Die Speisung der Fünftausend in Johannes 6 zeigt uns, wie es funktioniert. Der kleine Junge, der mit den Vielen, die Jesus hören wollten, mitgelaufen war, gab sein mitgebrachtes Essen ab. In kindlichem Glauben stellte er dem Herrn das Wenige zur Verfügung, was er hatte. Er machte sich keine Gedanken darüber, dass das ja angesichts der Masse von Menschen irgendwie unpassend, ja, fast lächerlich war. Er machte sich keine Sorgen darüber, was die Jünger denken würden. Er ging einfach davon aus, dass Jesus etwas daraus machen würde. Und Jesus nahm genau dieses Wenige und schuf daraus ein Wunder, einen gewaltigen Sieg, der für viele, viele Menschen zum Segen wurde.

Das gilt genauso für dich. Wenn du das Wenige, was du hast, Ihm zur Verfügung stellst, dann wird Er immer etwas daraus machen. Sei den Impulsen des Heiligen Geistes gehorsam. Versuche es!

Der ***Glaube aber ist eine Verwirklichung*** *dessen, was man hofft und ein Überführtsein von Dingen, die man nicht sieht.*
Hebräer 11,1

Was ist nun der Glaube? Er ist das ***Vertrauen darauf****, dass das, was wir hoffen, sich* ***erfüllen wird****, und die Überzeugung, dass das, was man nicht sieht, existiert.*
Hebräer 11,1 – Neues Leben

Hörer des Gebets

Kürzlich blieb ich an drei Worten hängen, auf die ich beim Bibellesen stieß. Sie ermutigten und erfrischten mich. Es war, als würde der Vorhang weggezogen und Sonne den Raum durchfluten. Weißt du, schon drei kurze Worte, die du in der Bibel liest, haben die Kraft, dein ganzes Denken umzudrehen, zu erneuern und dich zu ermutigen!

Die Worte stehen in Psalm 65 und dieser Text ist eigentlich das Zeugnis von Davids Leben. Er redet davon, wie er Gott in allen seinen Herausforderungen erlebt hat und spricht den Herrn an mit: „*Hörer des Gebets!*"

Dir gilt Stille, Lobgesang, Gott, in Zion, und dir soll man das Gelübde erfüllen. ***Hörer des Gebets***, *zu dir wird alles Fleisch kommen.*
Psalm 65,2-3

Wenn du deine Anliegen vor den Herrn gebracht hast, dann sei dir sicher: Er ist der Hörer deines Gebets. Er ist nicht zu beschäftigt, dein Anliegen ist Ihm nicht unwichtig, Er über-hört dich nicht. Du hast immer Seine ganze Aufmerksamkeit. Er ist auch nie überrascht, frustriert oder enttäuscht, wenn du mit deinen Anliegen – schon wieder – zu Ihm kommst. Er liebt dich und interessiert sich für dich und dein ganzes Leben. Er freut sich auf dich. Er wartet darauf, dass du dich Ihm zuwendest.

Auch andere Stellen in der Bibel sprechen über diese besondere Zuwendung Gottes. Er ist der Hörer deines Gebets! In Psalm 66 lesen wir, dass Gott auf die Stimme unseres Gebetes achtet und es nicht verwirft:

*Doch Gott hat **gehört**, er hat geachtet auf die Stimme meines Gebets. Gepriesen sei Gott, der nicht verworfen hat mein Gebet noch seine Gnade von mir zurückzieht!*
Psalm 66,19-20

Als König Salomo eine Begegnung mit Gott hatte, sagte der Herr ihm genau das Gleiche:

*Ich habe dein Gebet und dein Flehen **gehört**, das du vor mir gefleht hast!*
1.Könige 9,3

Johannes berichtet uns davon im Neuen Testament, als Jesus den toten Lazarus aus dem Grab herausrief:

*Vater, ich danke dir, dass du mich **erhört** hast. Ich aber wusste, dass du mich allezeit **erhörst!***
Johannes 11,42

Glaube mit Zuversicht, dass der Herr auch dich heute hört und erhört. Er ist der „Hörer deines Gebets"!

*Du hast meine Stimme **gehört**.*
Klagelieder 3,56

Eine ziemlich übel aussehende Situation

Es war eine überaus schmerzhafte und ziemlich übel aussehende Situation, in der sich Paulus und Silas befanden – sie saßen schwer verwundet und entsetzlich zugerichtet im Gefängnis, ohne Licht und Luft. Niemand kam, um ihre Wunden zu verarzten. Eine schier ausweglose Lage. Die Bibel berichtet uns stattdessen, dass die beiden in der Mitte der Nacht begannen, den Herrn zu loben und zu preisen. Sie schauten inmitten der Umstände und des Schmerzes auf Jesus, ihren Herrn.

Es gibt auch im Leben der Kinder Gottes manchmal „Gefängnisse". Sie sind anders als damals, aber dennoch sind es die gleichen Gefühle des Ausgeliefertseins und des Festsitzens. Sitzt auch du gerade in einem Gefängnis? Bist du in der Mitte der Nacht dunkler, bedrängender und schmerzhafter Umstände? Dann möchte ich dir eine Aussage der absoluten Hoffnung und Ermutigung nennen, die Paulus uns weitergegeben hat:

In Allem sind wir
- *bedrängt, aber* ***nicht erdrückt****;*
- *keinen Ausweg sehend, aber* ***nicht ohne Ausweg****;*
- *verfolgt, aber* ***nicht verlassen****;*
- *niedergeworfen, aber* ***nicht vernichtet****.*

2.Korinther 4,8-9

Als Paulus und Silas mit Lobpreis begannen, änderte sich die Situation. Fiel ihnen das leicht? Nein! Ihre Körper waren schlimm zugerichtet und schmerzten, und doch entschieden sie sich, Gott zu loben. Er hatte alle Dinge in Seinen Händen. Nicht die Mächtigen oder Gewaltigen hatten das Sagen. Der Herr hatte Seine Diener nicht vergessen, übersehen oder verlassen. Und Gott griff auf dramatische Weise ein und schuf einen unerwarteten, dramatischen Ausweg. Durch ein außerordentlich präzise positioniertes Erdbeben öffneten sich die Gefängnistüren und plötzlich sah alles ganz anders aus.

Strecke deinen Glauben danach aus, dass Gott sich nicht verändert hat. Seine Macht ist die gleiche wie damals. *Jesus Christus ist derselbe gestern, heute und in alle Ewigkeit*, so verheißt es uns das Wort Gottes.[6]

Und genau das gilt auch für deine Situation! Das will der Herr auch für dich tun! Entscheide dich deshalb mitten in deinem Schmerz, mitten in der Nacht der Herausforderungen für den Lobpreis. Du kannst gerade jetzt damit beginnen: „Danke Herr, dass Du mein Leben in Deinen Händen hältst. Du wolltest, dass ich lebe. Ich danke Dir, dass Du Türen öffnen wirst, die niemand sonst für mich öffnen kann. Ich preise Dich! Amen."

*Um **Mitternacht** aber beteten Paulus und Silas und **lobsangen** Gott; und die Gefangenen hörten ihnen zu. Plötzlich aber geschah ein großes Erdbeben, so dass die Grundfesten des Gefängnisses erschüttert wurden; und sofort öffneten sich alle Türen, und aller Fesseln lösten sich.*
Apostelgeschichte 16,25-26

*Um **Mitternacht** stehe ich auf, um dich zu preisen wegen der Bestimmungen deiner Gerechtigkeit.*
Psalm 119,62

6 Hebräer 13,8

Gute Fahrt!

Ich mag es, wenn mir der Heilige Geist anhand von ganz praktischen Alltäglichkeiten geistliche Dinge erklärt, die wichtig für mein Glaubensleben sind. So erging es mir kürzlich, als ich mit dem Auto eine längere Strecke fuhr. Es fielen mir ein paar Dinge auf, die eigentlich so normal sind, dass wir sie gar nicht mehr bewusst wahrnehmen.

In meinem Auto habe ich drei Rückspiegel zur Verfügung, die ich auch nutze. Mein Innenspiegel besitzt eine Vorrichtung, um die von hinten blendenden Lichter abzudunkeln, damit sie mich nicht unnötig stören. Meine Sicht nach vorne ist durch eine sehr große Frontscheibe optimal ausgestattet und verschafft mir den größtmöglichen Blickwinkel. Sie gewährt mir, dass ich alles erfassen kann, damit ich gut am Ziel ankomme. Ich kann Wegweiser sehen, Hinweisschilder, Kreuzungen, egal was … Selbst wenn es regnet, schneit, stürmt: Ich habe eine gute Sicht nach vorne. Im Vergleich dazu sind die Rückspiegel sehr klein.

Als ich so vor mich hinfuhr, dachte ich: Eigentlich ist es so auch in meinem Leben. Das, was hinter mir liegt, schaue ich nur ab und zu mit einem kurzen Blick an. Ich weiß, dass da etwas hinter mir ist, natürlich, aber ich konzentriere mich völlig auf das, was vor mir liegt, auf den Weg, auf die Strecke, auf die richtige Abbiegung, auf das Ziel.

Und so ist es auch im geistlichen Bereich: Alte, schwierige und schwere Erinnerungen „blende ich etwas ab“, so dass sie mich nicht in Beschlag nehmen und meine Aufmerksamkeit zu sehr gefangen nehmen. Ja, meine Vergangenheit ist da, aber sie darf und wird meine Gegenwart und meine Zukunft nicht bestimmen. Viele Menschen – auch die Kinder Gottes – haben ihren Blick zu sehr nach hinten gerichtet. Die Dinge der Vergangenheit haben ein großes Gewicht und drücken bis in ihren Alltag hinein. Sie werden oft als „er-drückend" erlebt.

Was aber viel wichtiger ist, ist meine Frontscheibe, ist das, was vor mir liegt. Das muss unser Fokus sein, damit wir richtig fahren und am Ziel ankommen können. Die Frontscheibe lässt mich viel Neues, Wichtiges, Erstaunliches sehen – auch im Leben im Geist –, dass ich davon einen viel größeren Gewinn habe. Ich nehme Gottes Vergebung und Gnade an, aber meine Konzentration liegt auf dem, was der Herr jetzt und heute für mich bereithält. Sein Auftrag ist wichtig, Sein Wille ist mein Mittelpunkt, mein Ziel. Und so stimme ich mit Paulus überein, der uns schreibt:

Nein, liebe Freunde, ich bin noch nicht alles, was ich sein sollte, aber ***ich setze meine ganze Kraft für dieses Ziel ein****. Indem ich die Vergangenheit vergesse und auf das schaue, was vor mir liegt, versuche ich, das Rennen bis zum Ende durchzuhalten und den Preis zu gewinnen, für den Gott uns durch Jesus Christus bestimmt hat.*
Philipper 3,13 – Neues Leben

Unzufrieden mit Gottes Führung?

Mose war mit dem Volk Israel in der Wüste unterwegs. Gott hatte sie schon eine weite Strecke geführt, sie versorgt, ihnen

Siege geschenkt und ihnen Weisung gegeben. Er war in ihrer Mitte. Er war gegenwärtig. Aber dennoch … das Volk rebellierte. Die Söhne Israels begannen zu murren, zu klagen und zu zweifeln. Denn das, was sie hatten, war ihnen nicht recht, es war nicht das, was sie sich vorgestellt, gewünscht und ausgemalt hatten. Sie waren ausgesprochen unzufrieden mit Mose und, im tiefsten Inneren ihrer Herzen, mit der Führung Gottes. Eigentlich gab es keinen wirklichen Mangel, denn Nahrung und Versorgung waren vorhanden. Doch sie wollten selbst bestimmen, was da auf der Speisekarte ihres Lebens zu stehen hatte. Und so lesen wir den Satz:

*Und die Seele des Volkes wurde **ungeduldig** auf dem Weg; und das Volk redete **gegen Gott** und gegen Mose: Wozu habt ihr uns aus Ägypten heraufgeführt? Damit wir in der Wüste sterben? Denn es ist kein Brot und kein Wasser da, und unserer Seele ekelt es vor dieser elenden Nahrung.*
4.Mose 21,4-5

Gott ist kein Wohlfühlautomat, in den wir unsere Wünsche einwerfen und dann muss Er bitteschön genauso handeln, wie wir es uns gedacht haben. Unsere Vorstellungen entstammen häufig einer sehr beschränkten und situationsbezogenen Sichtweise. Sei deshalb bereit, in Seinen Plänen für dein Leben unterwegs zu sein. Es gibt nichts Besseres! Frage immer wieder danach, ob du da, wo du dich gerade befindest, wo du stehst oder unterwegs bist, wirklich noch in Seinen Plänen und Absichten für dein Leben läufst. Und hüte dich vor Murren, Anklage, Bitterkeit. Diese Dinge bilden negative Wurzeln, die dem feind Anrechte in deinem Leben gewähren. Bete stattdessen Gott an, der ein heiliger, gerechter Vater ist, der liebevoll mit deinem Leben umgeht.

Er will und wird dich weise und richtig führen – auch wenn du Seine Führung vielleicht jetzt noch nicht richtig verstehst. Seine Pläne sind ewige Pläne.

*Lasst uns auch den Christus nicht versuchen, wie einige von ihnen ihn versuchten und von den Schlangen umgebracht wurden. **Murrt auch nicht**, wie einige von ihnen murrten und von dem Verderber umgebracht wurden! Alles dies aber widerfuhr jenen als Vorbild und ist geschrieben worden zur Ermahnung für uns …*
1.Korinther 10,9-11

Was bist du so betrübt, meine Seele?

Jeder von uns kennt Situationen, in denen wir beunruhigt, traurig oder verängstigt sind. Neulich ging es mir so, ich war in meiner Seele regelrecht betrübt. In mir war ein Stöhnen und Ächzen, das die Lebenssituation, in der ich mich befand, selbst akustisch deutlich zum Ausdruck brachte.
Ich dachte an Wasser. Wenn es trübe wird, ist es nicht mehr klar, nicht mehr rein, nicht mehr wirklich genießbar. So ähnlich fühlte ich mich. Mir fiel ein Bibelvers aus den Psalmen ein, der meine Situation ziemlich präzise beschrieb und ich fragte mich das auch:
„*Was bist du so betrübt, meine Seele, und was stöhnst du in mir?*“

Wenn es dir einmal ähnlich wie mir geht, dann bleib nicht bei der Frage und dem Nachdenken über die Umstände und das

Befinden deines inneren Gemütszustandes hängen. Schau auf den zweiten Teil dieses genialen Verses aus den Psalmen. Die Bibel empfiehlt uns in solchen trüben Zeiten eines, nämlich auszuharren. Durch das Ausharren werden wir letztlich in eine Situation gelangen, die so gut ist, dass wir Gott dafür preisen und danken werden. Auch wenn es im Moment vielleicht noch nicht danach aussieht: Gott wird einen Weg machen, wo jetzt noch keiner zu sehen ist.

Unsere einzige Möglichkeit ist deshalb: Wir vertrauen Gott, setzen all unsere Hoffnung auf Ihn und harren aus, bleiben dran, gehen weiter, halten fest. Dann gilt uns diese geniale Verheißung, die dreimal in Psalm 42 und 43 wiederholt wird:

***Was bist du so betrübt**, meine Seele, und was stöhnst du in mir? **Harre auf Gott**, denn ich werde ihn noch preisen, das Heil meines Angesichts und meinen Gott.*
Psalm 42,6+12; 43,5

Mit der Weisheit am Ende?

Mangelt es dir im Moment an der Idee, wie du mit einem bestimmten Problem umgehen kannst oder an der richtigen Strategie, wie du in einer speziellen Situation handeln sollst? Dann brauchst du vor allem eins: Weisheit. In der Bibel heißt es, dass Gott einen Reichtum an Weisheit und Erkenntnis für Seine Kinder vorbereitet hat und dass wir, wenn wir Mangel in diesem Bereich empfinden, bei Ihm Hilfe erhalten können. Er will uns echte Weisheit geben:

Wenn aber jemand von euch ***Weisheit*** *mangelt, so bitte er* ***Gott, der allen willig gibt*** *und keine Vorwürfe macht, und sie wird ihm gegeben werden. Er bitte aber im Glauben, ohne irgend zu zweifeln …*
Jakobus 1,5-6

Gott will dir gerne helfen, Er macht dir keine Vorwürfe, wenn deine eigene Weisheit nicht ausreicht, um in bestimmten Herausforderungen den Sieg zu erreichen. Aber … rechnest du auch wirklich mit Seiner Antwort? In einer anderen Übersetzung heißt es:

Wenn jemand unter euch ***Weisheit*** *braucht, weil er wissen will, wie er nach Gottes Willen handeln soll, dann kann er Gott einfach darum bitten. Und Gott, der gerne hilft, wird ihm bestimmt antworten, ohne ihm Vorwürfe zu machen. Aber – wer ihn fragt, soll auch wirklich mit seiner Antwort rechnen!*
Jakobus 1,5-6 – Neues Leben

Wir brauchen wirklich Seine Weisheit. Und zwar immer wieder. Seien es berufliche Entscheidungen, persönliche und familiäre Entwicklungen, die Frage nach unserer Bestimmung oder vieles mehr. In allem brauchen wir die richtige Lösung, das richtige Verständnis.

Ein interessantes Zeugnis berichtet uns das Alte Testament. Über Esra wird gesagt, dass er die Weisheit Gottes „in seiner Hand“ hatte. Der heidnische König Artahsasta sprach das über ihn aus:

Du aber, Esra, setze nach der ***Weisheit deines Gottes, die in deiner Hand ist****, Richter und Rechtspersonen ein … die die Gesetze deines Gottes kennen … Und wer sie nicht kennt, dem sollt ihr sie mitteilen.*
Esra 7,25

Ist das nicht ein bemerkenswertes Zeugnis? Nach der „Weisheit deines Gottes, die in deiner Hand ist!" Der König hatte bei Esra erkannt, dass es in seinem Leben etwas Übernatürliches gab. Gottes Weisheit war so stark spürbar, dass der König sich dazu entschloss, Esras Vorhaben zu unterstützen.

Gottes Weisheit ist höher als alle unsere menschlichen Gedanken und Überlegungen; unsere Taktiken und Strategien. Er ordnet die Dinge unseres Lebens, Er führt zusammen, öffnet Türen, schenkt Rhema-Worte, offenbart falsche Ziele, ermutigt, rüstet aus, schenkt Erkenntnis und Weisheit. Der Heilige Geist führt uns in alle Wahrheit, Er leitet uns und wir finden Weisheit und Klugheit[7] bei Gott. Gott will uns Seine Weisheit in unsere Hand geben.

Sei dir sicher: Wenn du dich an Ihn wendest, wird Er dir gerade heute Weisheit zukommen lassen, damit du die richtigen Entscheidungen treffen kannst.

Welche Tiefe des Reichtums, sowohl der ***Weisheit*** *als auch der Erkenntnis Gottes!*
Römer 11,33

Der Wille Gottes ist: das Gute und Wohlgefällige und Vollkommene.
Römer 12,2

---

7 Sprüche 3,4-5

Schmetterling

Unsere Tochter liebt Schmetterlinge. Sie sind für sie zu einem Sinnbild geworden, das einen bestimmten Prozess ihres Lebens kennzeichnet. Es gab eine Zeit, in der sie wie gefangen und eng umwickelt, fast leblos, in dieser Hülle, dem Kokon, feststeckte. Doch irgendwann begann Gott den Prozess in ihrem Leben und sie fand Kraft und Möglichkeit, sich mit Seiner Hilfe dort heraus zu befreien. Das war mühsam und kostete Kraft, aber Er führte sie zu einem genialen Sieg. Es war wie bei der Entwicklung eines Schmetterlings. Nach Wochen, vielleicht auch Monaten, äußerer Unbeweglichkeit öffnete sich der anscheinend so leblose Kokon und etwas Neues presste sich daraus hervor ins Leben hinein. Genauso war es bei ihr. Es war die Veränderung ihrer Gedanken, die das Neue hervorbrachte. Sie musste lernen, sich für die Gedanken und Verheißungen Gottes zu entscheiden und sie bewusst umzusetzen, sich mit dem zu füllen, was das Wort Gottes sagt. Für sie begann durch ein erneuertes Denken auch ein neues, sinnerfülltes Leben, heraus aus den Zwängen und der Macht des feindes. Das erinnerte mich in der Tat an den Prozess, der bei jedem Schmetterling abläuft, wenn er seine Flügel entfaltet und zu fliegen beginnen kann. Der Atem Gottes musste sie erfassen und neues Leben in ihr wecken.

Bei uns allen gibt es diese nötigen Prozesse der Veränderung. Manchmal empfinden wir den Druck um uns herum wie das Feststecken in solch einem Kokon. Nichts scheint sich zu bewegen, nichts zu entwickeln, wir stecken irgendwie fest. Doch im Verborgenen geschieht etwas. Gott arbeitet in deinem Leben.

Wenn du den Eindruck hast, gerade jetzt in einem schmerzhaften Prozess zu stecken, dann bleib dran. Gott, der dein Schöpfer ist, will dich umgestalten und in ein erfülltes, neues Leben hineinbringen. Der Herr sieht „deinen Kokon“ und Er wird dir helfen, da heraus und zu einem neuen „Aussehen“ zu kommen. Er wird dich auf ein neues Level bringen.

Und er führte mich heraus ins Weite, er ***befreite*** *mich, weil er Gefallen an mir hatte.*
2.Samuel 22,20 / Psalm 18,20

Ich bin sicher: Der Herr ist jetzt gerade dabei, dich durch den Prozess, in dem du steckst, in etwas Neues zu berufen. Der Prozess deiner Veränderung hat begonnen. Da gibt es großes Potenzial in dir, das der Herr erwecken und entfalten möchte. Im Bild gesprochen: Bleib nicht im Kokon, gib nicht auf, bleib nicht stecken – du sollst fliegen! Gott möchte Licht, Helligkeit und Farbe in dein Leben bringen.

Er ruft mich an, und ich antworte ihm. ***Ich bin bei ihm in der Not. Ich befreie ihn und bringe ihn zu Ehren****.*
Psalm 91,15

Der Geist des Herrn ist auf mir, weil er mich gesalbt hat, Armen gute Botschaft zu verkündigen; er hat mich gesandt, ***Gefangenen Freiheit auszurufen*** *und Blinden, dass sie wieder sehen,* ***Zerschlagene in Freiheit hinzusenden****, auszurufen ein angenehmes Jahr des Herrn.*
Lukas 4,18-19

Steht und seht die Rettung des Herrn

König Joschafat befand sich, menschlich gesehen, in einer völlig ausweglosen Lage. Die Bibel berichtet in 2. Chronik 20 von der außerordentlich brenzligen und bedrohlichen Situation. Doch Joschafats Augen waren nicht auf das menschlich Machbare gerichtet, er hatte stattdessen seinen Blick vollkommen auf den Herrn fokussiert.
Damals rückte der feind geballt gegen Juda vor, um das Volk zu vernichten. Er befand sich bereits innerhalb der Landesgrenzen. Die Lage schien hoffnungslos, der Gegner war schlichtweg übermächtig. Niedergeschlagenheit machte sich breit, doch Joschafat ging den einzig richtigen Weg. Er wandte sich an Gott, legte Ihm die Situation so dar, wie sie war, und bat den Herrn schlicht, sie zu erretten. Er sagte zu Gott:
„Auf dich allein sind unsere Augen gerichtet!"

Und kurz darauf finden wir in diesem erstaunlichen Bericht einen genialen Satz:
„Tretet hin, steht und seht die Rettung des Herrn, die er euch verschafft!"

Ist das nicht genau das, was auch du gerade brauchst? Wenn du heute in Situationen steckst, die so übermächtig sind, dass du schier kraftlos und niedergeschlagen davorstehst, solltest du deine Augen auf Jesus, deine einzige Rettung, richten. Gib nicht von vornherein auf. Kapituliere nicht vor dem scheinbar unüberwindbaren Gegner. Schau nicht auf den feind, auf die Probleme, die Krankheit, den Mangel, die Bedrängnis oder wie immer dein Widersacher heißen mag, sondern schau auf den

Herrn. Behalte Ihn fest im Blick. Dort findest du die Lösung, die Hilfe, den Ausweg, die Strategie. Denn das, was Gott damals für Sein Volk tat, will Er heute auch für dich tun.

In uns ist keine Kraft vor dieser großen Menge, die gegen uns kommt. Wir erkennen nicht, was wir tun sollen, sondern ***auf dich sind unsere Augen gerichtet****.*
2.Chronik 20,12

Nicht ihr werdet dabei kämpfen müssen. Tretet hin, ***steht und seht die Rettung des Herrn****, die er euch verschafft, Juda und Jerusalem! Fürchtet euch nicht und seid nicht niedergeschlagen! Zieht ihnen morgen entgegen, und der Herr wird mit euch sein!*
2.Chronik 20,17

Was der Herr für dich tun will

Manche Menschen, die in schwierigen Lebensumständen stecken, „wohnen" geradezu in einem verzagten, betrübten Geist. Da ist nichts Buntes, nichts Fröhliches, keine Hoffnung, nichts Lebenswertes und oftmals kein echter Sinn. Diese Menschen sind wirklich unglücklich. Sie sind wie gefangen.

Doch Gott möchte dir etwas geben, wenn du in solch einer Situation festgefahren bist. Und das ist genau entgegengesetzt zu dem, was du empfindest. Er hat Freiheit für dich. Er will dir heute, wie es das Alte Testament ausdrückt, Kopfschmuck, Freudenöl, ein Ruhmesgewand und noch viel mehr geben. Er will dich in die Freiheit bringen, dich in Sein „Jahr der Gnade" hineinführen. Es ist für dich – ganz persönlich und gerade jetzt! Wende dich Ihm zu. Lass zu, dass Er dir begegnet.

Der Geist des Herrn, HERRN, ist auf mir;
denn der HERR hat mich gesalbt.
Er hat mich gesandt,

- *den Elenden **frohe Botschaft** zu bringen,*
- *zu **verbinden**, die gebrochenen Herzens sind,*
- ***Freilassung** auszurufen den Gefangenen*
- *und **Öffnung des Kerkers** den Gebundenen,*
- *auszurufen das **Gnadenjahr** des HERRN und*
- *den Tag der Rache für unsern Gott,*
- *zu **trösten** alle Trauernden,*
- *den Trauernden Zions **Frieden**,*
- *ihnen **Kopfschmuck** statt Asche zu geben,*
- ***Freudenöl** statt Trauer,*
- *ein **Ruhmesgewand** statt eines verzagten Geistes,*

damit sie Terebinthen [Bäume] *der Gerechtigkeit genannt werden, eine Pflanzung des HERRN, dass er sich durch sie verherrlicht.*
Jesaja 61,1-3

Von der Wichtigkeit der Vergebung

Kürzlich hatte ich ein inneres Bild, von dem ich überzeugt bin, dass es von Gott kam und Er mir damit etwas Bestimmtes mitteilen wollte. Ich sah einen Menschen, der mit einer Kamera von jeder Situation, die ihm begegnete und die ihm missfiel, ihn unangenehm berührte oder sein Empfinden beleidigte, sofort ein Bild machte. Er druckte dieses aus, klebte es in ein Album und packte es in einen Rucksack, den er ständig mit sich herumschleppte. Dieser belastete ihn jedoch unsagbar. Er litt sehr darunter, aber er war nicht in der Lage, diesen Rucksack loszuwerden.

Ich fragte den Herrn, wie man von diesem Problem frei werden könnte und mir wurde klar, dass die Lösung dieses Problems nur im Austausch am Kreuz Jesu möglich ist. Der Schlüssel dazu trägt die Aufschrift „Vergebung". Nur durch Vergebung können wir in ein wirklich befreites Leben hineingelangen. Wenn wir anderen vergeben, werden wir selbst frei. Denn die unbereinigten Erinnerungen und all die „Fotoalben", die wir mit uns herumschleppen, lasten schwer auf uns. Das Wort „nachtragend" drückt dies sehr deutlich aus. Wenn jemand nachtragend ist, dann ist er selbst es, der trägt, der schleppt, der sich damit herumplagt. Er selbst ist es, der leidet. Um frei zu werden, muss man das, was man nachträgt, abgeben und hinter sich lassen.

Wenn du anderen vergibst, wirst du selbst frei ... und dein Leben wird wirklich leichter, unbeschwerter und lebenswerter sein. Geh zum Kreuz, an dem Jesus alles getragen hat. Alles! Gib deinen Rucksack dort ab.

*Denn wenn ihr den Menschen ihre **Vergehungen** vergebt, so wird euer himmlischer Vater auch euch **vergeben**.*
Matthäus 6,14

*Und wenn ihr steht und betet, so **vergebt**, wenn ihr etwas gegen jemand habt, damit auch euer Vater, der in den Himmeln ist, euch eure Übertretungen **vergebe**.*
Markus 11,25

*Seid aber zueinander gütig, mitleidig, und **vergebt** einander, so wie auch Gott in Christus euch **vergeben** hat!*
Epheser 4,32

Im Wartezimmer

Seit einer Stunde stehe ich nun schon im Wartezimmer einer Klinik. Ich soll für eine OP eingecheckt werden. Der Raum ist überfüllt und der Strom der Hilfsbedürftigen scheint gar nicht abzureißen. Es gibt viele Nöte, Krankheiten, Gebrechen, Schmerzen. Manche Menschen schauen deprimiert starr vor sich hin, andere versuchen, sich mit den Klatschblättern über Stars und deren affärenreiches Leben abzulenken, eine Frau weint und will sich nicht trösten lassen. Angst, Unsicherheit, Fragen scheinen wie unsichtbar in der Luft zu hängen.

Ich frage mich plötzlich: Was mache ich eigentlich hier? Sollte ich als Kind des allmächtigen Gottes nicht ausgenommen sein von Schmerzen und Krankheit? Bin ich nicht eine Tochter des himmlischen Vaters? Hat Er mich übersehen? Warum geschieht mir das? Ich gehöre nicht hierher, ich bin am völlig falschen Ort.

In diesem Moment beschleicht mich ein altes, sehr bekanntes Gefühl. Ich stehe auf einem Bahnsteig. Der Zug kommt, alle steigen ein, der Zug fährt wieder ab – und ich bleibe ganz allein zurück. Ein beklemmendes Gefühl. Ein Gefühl, das Wichtigste und Richtigste verpasst zu haben.

Diese Gedanken ärgern mich. Ich spüre den wachsenden Druck und die Anspannung in mir. Ich rufe mich zur Ordnung, denn ich weiß, wie wichtig es ist, in solchen Situationen geistlich klar und besonnen zu bleiben. Doch wieder geht es in meinem Denken hin und her. Sollte Gott mich vielleicht doch vergessen haben? Das hier ist doch sicher nicht der richtige Weg für mich. Ganz sicher nicht. Das kann gar nicht sein.

Energisch stoße ich mich von der Wand ab, an die ich mich schon lange gelehnt hatte. Ich muss einfach ein paar Schritte laufen. Doch kaum bin ich in Bewegung, fällt mein Blick auf ein Bild, unter dem ich gestanden habe und das ich bisher schlichtweg übersehen hatte. Mein Koffer steht genau darunter. Ich war so sehr auf meine Situation, die Probleme, die Umstände konzentriert und fixiert gewesen, dass ich es einfach nicht bemerkt hatte. Es ist ein buntes Bild. Und nur ein einziger kurzer Satz steht darauf. Doch dieser Satz berührt mich bis ins Innerste:

Er führet mich *auf rechter Straße um seines Namens willen!*
Psalm 23,3 – Luther

Freude und Kampf!

Die letzten Gäste waren abgereist und es blieben noch die vielen Kleinigkeiten, die jetzt weggeräumt werden wollten. Wie es bei Festen so ist, werden die besten Sachen hervorgeholt, um sie hinterher für das nächste Fest wieder wegzupacken. Es war ein schönes Fest gewesen. Seit Langem hatten sich alle Familienmitglieder wieder einmal gesehen. Vergangenes, Veränderungen, Neuigkeiten, Zukunftspläne waren ausgetauscht und das nächste Fest bereits geplant worden.

„Dankbarkeit" war das Wort dieses Festtages gewesen und wir konnten tatsächlich dankbar auf so manches Ereignis zurückblicken. Wir freuten uns schon auf die „Nachlese", wenn wir uns die Fotos ansehen würden, die an diesem Tag gemacht wurden.

Als ich die Tür zum Gästezimmer öffnete, strömte mir die heiße Sommerluft entgegen und bauschte den dünnen weißen Vorhang weit in den Raum. Die Vögel zwitscherten. Helles Sonnenlicht flutete auf den Teppich und beleuchtete eine krass entgegengesetzte Szenerie. Mit beiden Füßen stand ich mitten in einer Kampfszene.

Unseren Sohn hatten die tiefsinnigen Gespräche der Gäste nicht so sehr interessiert. Vielmehr wurde er vom Dachboden angezogen, wo all die vielen Kisten standen, deren Inhalt weit spannender war. So hatte er sich eine Spielkiste ausgesucht und mit viel Geduld und Einsatz all die vielen kleinen Figuren aufgebaut. Da waren die Soldaten in ihren blauen Uniformen, die Indianer im bunten Federschmuck. Etwas abseits standen die kleinen Indianerzelte und ein paar Indianerfrauen, die an einer Feuerstelle arbeiteten. Soldaten wie Indianer hatten ernste, wild entschlossene Gesichter – fast schmerzverzerrt. Gewehre, Pfeil und Bogen hielten sie fest in ihren Händen und waren in ihrer ganzen Körperhaltung auf das Ziel – den feind ausgerichtet. Um was es ging? Mitten durch die beiden Fronten jagte eine mit Gold beladene Kutsche, die von den einen erobert und von den anderen beschützt werden sollte. Ein heftiger Kampf – nicht ohne Verluste – tobte da vor meinen Augen. Wer würde siegen?

Natürlich war es nur Kinderspielzeug. Aber ich dachte: Ja, so ist es wirklich. Eben waren wir noch fröhlich am Feiern gewesen und im nächsten Augenblick stecken wir bis zu den Knien in einem heftigen Kampf. So ist unser Leben. Wir haben nicht immer nur das Eine oder das Andere. Unsere Kämpfe sind so verschieden wie wir Menschen sind. Vielleicht kämpfst du mit einer heftigen Krankheit, mit Arbeitslosigkeit, Mobbing oder mangelnden Finanzen, mit einer schwierigen Ehe, wo die Kommunikation irgendwo steckengeblieben ist, mit Kindern, die sich in einer problematischen Lage oder Entwicklungsphase befinden … es gibt endlos viele Kampfszenen, die in unserem Leben toben. Jeder von uns muss seine Kämpfe kämpfen. Wir können uns aber ermutigen, anfeuern, beim Training helfen. Denn kämpfen muss gelernt werden.

Sag jetzt nicht: „Schon wieder kämpfen. Ich habe es so satt. Kann man sich denn nicht mit netteren Dingen beschäftigen?" Lass dich ermutigen. Bete, dass der Herr dir einen Satz in dein Herz spricht, mit dem du weiter vorwärtsgehen kannst und den du vielleicht als Waffe gebrauchen kannst. Egal, wie dein Feind aussieht und wie bedrohlich er sich positioniert hat, eins ist sicher: Gott ist für dich und Sein Plan ist der, dich aus deinem Kampf siegreich herauszuführen:

Aber mit uns ist der Herr, unser Gott, ***um uns zu helfen und unsere Kriege zu führen!***
2.Chronik 32,8

Gib nicht auf, selbst dann nicht, wenn dein Kampf schon lange andauert. Vielleicht ist heute der Sieg für dich da. Verpasse ihn nicht. Wenn du beim Thema Kampf „abgelöscht" bist, möchte ich dir sagen: Lass dich aufrichten. Verdränge nicht die Dinge, die dir so schmerzhaft sind, dass du das Empfinden hast, keine Kraft mehr zu haben, gegen deinen schier übermächtigen Feind anzugehen. Ich sage dir: Fasse Mut! Der Herr kommt – Er ist für dich. Lass von Ihm dein Herz bewegen, bleibe ausgerichtet auf Ihn. Lese Sein Wort. Und wenn sich der feind tausendmal einschleicht, um dir zu sagen, dass Beten und Bibellesen „gar nichts bringt". Lass dich von Gott neu beschenken. Streck dich aus nach Ihm. Es lohnt sich, dranzubleiben!

Und was soll ich noch sagen? Denn die Zeit würde mir fehlen, wenn ich erzählen wollte von Gideon, Barak, Simson, Jeftah, David und Samuel und den Propheten, die durch Glauben Königreiche bezwangen, Gerechtigkeit wirkten, ***Verheißungen erlangten****, der Löwen Rachen verstopften, des Feuers Kraft auslöschten, des Schwertes Schärfe entgingen, aus der Schwachheit Kraft gewannen,* ***im Kampf stark wurden****, der Fremden Heere zurücktrieben.*
Hebräer 11,32-34

Repräsentanten des Reiches Gottes

Vor Kurzem kam ein Mann an unsere Haustür, der irgendetwas verkaufen wollte. Ich kam mit ihm ins Gespräch, er schien gerne zu reden und erzählte mir von seinen Befürchtungen. Ich wagte mich im Gespräch vor und sagte ihm, dass es Gott gibt und dass da Einer ist, der sich um seine Anliegen und Nöte kümmern will. Doch er schüttelte den Kopf und meinte, dass das ja der größte Blödsinn wäre, den er in den zwanzig Jahren, in denen er schon von Tür zu Tür gehen würde, jemals gehört hätte. Mit Kopfschütteln und Beschimpfung zog er davon. Er wollte die Botschaft über das Reich Gottes nicht hören. Wie schade!

Ungeachtet dessen ist es genau unser Auftrag, die Dinge des Reiches Gottes zu vertreten. Denn wir sind Vertreter, Botschafter, Gesandte an Christi statt. Wir sind Repräsentanten des allmächtigen Gottes.

Zur Zeit des Neuen Testamentes galt es als eine hohe Ehre und Auszeichnung, wenn jemand im Auftrag des Kaisers oder Königs in ein anderes Land gesandt wurde, um dessen Stellvertretung zu übernehmen. Als Repräsentanten des Herrschers wurden für solch einen Posten nur die treuesten, verlässlichsten und vertrauenswürdigsten Personen ausgewählt. Ihre Aufgabe war es, die Agenda des Königs zu repräsentieren, zu proklamieren und umzusetzen. Botschafter sind die „Augen", die „Ohren" und die „Stimme" des jeweiligen Landes, das sie in einer anderen Nation vertreten.
Im geistlichen Bereich ist es genauso und ich wünsche dir, dass du dein geistliches Heimatland und die Interessen des Königs der Könige, Jesus, würdig vertrittst.

So sind wir nun ***Gesandte an Christi statt****, indem Gott gleichsam durch uns ermahnt; wir bitten für Christus: Lasst euch versöhnen mit Gott!*
2.Korinther 5,20

Ein Ver-Sorger in deinen Sorgen

Jesus erzählte den Menschen Beispiele und Gleichnisse aus dem Alltag. Unter anderem sprach Er sehr deutlich über das Thema Sorgen. Vielen Menschen – auch vielen Christen – gehen

Ängste, Befürchtungen, Sorgen und Bedenken in Kopf und Herz herum. Eine Statistik über Burnout informiert darüber, dass über 50 % der befragten Männer ihre Jobprobleme und Ängste mit in den Schlaf nehmen. 40 % der Frauen liegen nachts wegen familiärer Sorgen wach.

Was sagt Jesus zu dieser Thematik? In meiner Bibel trägt ein Abschnitt im Matthäus-Evangelium die Überschrift: „Das Heilmittel gegen Sorgen". Dort heißt es:

Deshalb sage ich euch: ***Seid nicht besorgt*** *für euer Leben, was ihr essen, was ihr trinken sollt, noch für euren Leib, was ihr anziehen sollt. Ist nicht das Leben mehr als die Speise und der Leib mehr als die Kleidung?*
Matthäus 6,25

Mir persönlich helfen in meinem Alltag oft visuelle Dinge, Bilder und Beispiele, um mich an die Zusagen Gottes zu erinnern. Viele Bibelstellen habe ich mir aufgeschrieben, damit ich sie besser vor Augen habe oder ich lerne sie auswendig, damit ich sie immer „bei mir habe". In dem genannten Text in Matthäus spricht Jesus über Lilien, die wachsen, blühen, von Gott versorgt werden und deren Pracht schöner ist, als die Prachtgewänder Salomos es jemals sein konnten. So habe ich vor meinem Küchenfenster einige Lilienzwiebeln eingepflanzt. Sie sind aufgegangen und standen bald in voller Blüte. Sie erinnerten mich daran, dass ich mich nicht zu sorgen brauche, weil der Herr für mich sorgt.

Wenn du mit Sorgen zu kämpfen hast, lade ich dich ein, gerade heute dieses Wort in Matthäus 6 einmal ganz bewusst zu lesen.

Am besten laut und indem du es in der Ich-Form über dir aussprichst. Diese kleine „Übung“ hat mir oft geholfen.

Ich habe es für dich bereits entsprechend vorformuliert:

Ich bin nicht ***besorgt*** *für mein Leben, was ich essen und was ich trinken soll, noch für meinen Leib, was ich anziehen soll! Mein Leben ist mehr als die Speise und mein Leib ist mehr als die Kleidung. Ich sehe hin auf die Vögel des Himmels, dass sie weder säen noch ernten noch in Scheunen sammeln, und mein himmlischer Vater ernährt sie doch. Ich bin viel wertvoller als sie. Ich kann mit* ***Sorgen*** *meiner Lebenslänge keine Elle zusetzen. Ich bin nicht um Kleidung* ***besorgt****. Ich betrachte* ***die Lilien des Feldes****, wie sie wachsen; sie mühen sich nicht, auch spinnen sie nicht. Doch selbst Salomo in all seiner Herrlichkeit war nicht bekleidet wie eine von diesen. Wenn aber Gott das Gras des Feldes, das heute steht und morgen in den Ofen geworfen wird, so kleidet, wird er das nicht viel mehr für mich tun? Ich will nicht kleingläubig sein. So bin ich nun nicht* ***besorgt****, indem ich sage: Was soll ich essen? Oder: Was soll ich trinken? Oder: Was soll ich anziehen? Denn nach diesem allen trachten die Nationen. Mein himmlischer Vater weiß, dass ich dies alles benötige. Ich trachte zuerst nach dem Reich Gottes und nach seiner Gerechtigkeit! Und dies alles wird mir hinzugefügt werden. So bin ich nun nicht* ***besorgt*** *um den morgigen Tag! Denn der morgige Tag wird für sich selbst* ***sorgen****.*
nach Matthäus 6,25-34

Dein Wunsch an Gott

Jeder von uns hat Wünsche. Im Alten Testament gab es einen Menschen, dem Gott einmal einen Wunsch freigab. Er sagte: „Bitte, was Ich dir geben soll!" Das heißt: „Wünsche dir, was du willst, Ich werde es dir erfüllen." Nicht schlecht, oder? Die Person, der Gott diesen Wunsch gewährte, war Salomo und der wünschte sich Weisheit, weil er ein Verständnis davon hatte, welch gewaltige Segnungen in gottgegebener Weisheit enthalten sind und welches Potenzial sie beinhaltet:

In Gibeon erschien der HERR dem Salomo in einem Traum bei Nacht. Und Gott sprach: ***Bitte, was ich dir geben soll!***
1.Könige 3,5

Doch weißt du, im Neuen Testament spricht Jesus uns ganz genauso zu:

Bittet, und es wird euch gegeben werden*; sucht, und ihr werdet finden; klopft an, und es wird euch geöffnet werden!*
Matthäus 7,7

Anders als zur Zeit des Alten Testaments haben du und ich als Kinder Gottes freien Zugang zum Thron der Gnade[8] und können Gott jederzeit um Seine Segnungen bitten – immer und immer wieder. Er gewährt uns nicht nur einen einzigen Wunsch, sondern im Grunde genommen unzählige. Uns stehen alle (!) Segnungen der Himmelswelt zur Verfügung. Das sind in erster Linie geistliche Segnungen für unser geistliches Leben – und diese sind viel kostbarer als irdische Segnungen für unser irdisches Leben:

8 Hebräer 4,16

Gepriesen sei der Gott und Vater unseres Herrn Jesus Christus! Er hat uns ***gesegnet mit jeder geistlichen Segnung in der Himmelswelt*** *in Christus.*
Epheser 1,3

Ich möchte dich ermutigen, einfach deinen ganz persönlichen Wunsch an Gott zu richten. Du darfst jederzeit zu Ihm kommen, wenn du Sein Kind bist, an jedem Tag. Gott will dir gerne geben.

Den ***Wunsch seines Herzens*** *hast du ihm gewährt, und das Verlangen seiner Lippen nicht verweigert.*
Psalm 21,3

Was ihr den Vater bitten werdet in meinem Namen, wird er euch geben … Bittet, und ***ihr werdet empfangen****, damit eure Freude völlig sei!*
Johannes 16,23-24

Was immer wir bitten, ***empfangen wir von ihm****, weil wir seine Gebote halten und das vor ihm Wohlgefällige tun.*
1.Johannes 3,22

Qualitätszeit

Ich gönne mir einen ganz besonderen Luxus. An jedem Tag ziehe ich mich für eine bestimmte Zeit zurück, um Gemeinschaft mit dem Herrn zu haben. Es ist eine Zeit der persönlichen Begegnung und für mich die wichtigste Zeit am Tag. Hier tanke ich neue Kraft und die Dinge des Alltags bekommen den richtigen Stellenwert. Ich spüre, dass ich diese Zeit unbedingt benötige, sie ist wertvoll und unverzichtbar für mich. Und sollte es an einem Tag einmal nicht möglich sein, diese Zeit zu haben, zum Beispiel, weil ich den ganzen Tag auf einer Reise unterwegs bin, vermisse ich es schon sehr bald schmerzlich.

Die Bibel berichtet uns immer wieder, dass sich selbst Jesus zurückzog, um Zeit für die Gemeinschaft mit seinem himmlischen Vater zu haben – Qualitätszeit.

Auch wir brauchen ein „Zeitfenster“, in dem wir Ihn besser kennenlernen, Seine Stimme hören und Weisung für unser Leben empfangen.

- Wenn du Schwierigkeiten damit hast, die Stimme Gottes zu hören – fang an, dir diese Zeit zu nehmen.
- Wenn der Alltag dich schier zu überwältigen droht – fang an, dir diese Zeit zu nehmen.
- Wenn du in innerlichen Kämpfen stehst – fang an, dir diese Zeit zu nehmen.
- Wenn du Gott nicht mehr verstehst – fang an, dir diese Zeit zu nehmen.

Ich bin sicher, wenn du dranbleibst, werden sich die Dinge schon bald zu klären beginnen und deine Fragen werden beantwortet.

Morgen für Morgen *weckt er mir das Ohr, damit ich höre wie Jünger hören.*
Jesaja 50,4

Er aber zog sich zurück und war in einsamen Gegenden und betete.
Lukas 5,16

Wie günstig, wenn man Gunst hat

In den Sprüchen lesen wir, dass wir „*Gunst und feine Klugheit in den Augen Gottes und der Menschen*" finden sollen. Wir empfinden in unserem Leben jedoch oft, dass sich die Situation für uns eher ohne Gunst, nämlich „ungünstig" darstellt: schwierig, unbequem, hinderlich, zeitlich unpassend, unrentabel, schädigend usw. Anders jedenfalls, als wir es uns eigentlich gewünscht haben.

Aber der Herr hat einen Plan für unser Leben und der ist alles andere als ungünstig. Wenn Er uns Seine Gunst erweist, dann ist damit gemeint: Hoffnung kommt, Möglichkeiten bahnen sich an, Kontakte kommen zustande, Versorgung wird sichergestellt, Zugänge, die bisher verschlossen waren, öffnen sich und vieles mehr.

Du gehörst zur richtigen Familie. Und du sollst, darfst und wirst Gunst finden – auch bei Menschen. Deshalb möchte ich dir zusprechen: Heute ist ein Tag, an dem dich der Herr mit Seiner Gunst beschenken möchte! Erwarte sie. Halte Ausschau nach ihr. Vielleicht kommt sie in anderer Weise als von dir erwartet. Doch eins ist gewiss: Kein Gutes wird Er denen vorenthalten, die in Lauterkeit wandeln.

Denn Gott, der HERR, ist Sonne und Schild. Gnade und Herrlichkeit wird der HERR geben, ***kein Gutes vorenthalten*** *denen, die in Lauterkeit wandeln.*
Psalm 84,12

Und finde ***Gunst und feine Klugheit*** *in den Augen Gottes und der Menschen! Vertraue auf den HERRN mit deinem ganzen Herzen und stütze dich nicht auf deinen Verstand!*
Sprüche 3,4-5

Ausweichen ist keine Option

In unserem Leben kann es passieren, dass wir ganz plötzlich einer herausfordernden Situation gegenüberstehen. Unerwartet und unvorhergesehen kommt es zu Ereignissen, die uns in die Defensive treiben und stoppen sollen. Wie reagieren wir? Ausweichen, Aufgeben oder Rückzug ist jedenfalls kein Rat der Bibel.

Der feind versucht, uns durch die verschiedensten Dinge, die er uns in den Weg wirft, zu blockieren, zu lähmen und zu stoppen. Unsere Reaktion ist oft die, dass wir beunruhigt, gestresst, deprimiert und niedergeschlagen dastehen und an Kapitulation denken, an Aufgeben, an Rückzug.

Doch durch die Widerstände entwickeln wir Stärke. Wir werden trainiert, erprobt, und das brauchen wir, damit wir in der Berufung und Bestimmung unseres Lebens leben und vorwärtsgehen können. Stark werden ist ein Prozess, das fällt uns nicht zu.

Und es bedarf immer einer Entscheidung dafür. Deshalb: Ausweichen ist keine Option! Stehe in Kühnheit auf und gehe weiter. Der Herr ist auf und an deiner Seite!

Schließlich:
***Werdet stark** in dem Herrn und in der Macht seiner Stärke!*
Epheser 6,10

Ein Wort für schwierige Wegstrecken

Befindest du dich gerade auf einer Wegstrecke in deinem Leben, die dir Mühe macht? Gibt es eine Herausforderung, die dir wie ein Berg im Weg steht und dein Vorangehen blockiert? Bist du vielleicht zum Stehen gekommen oder sogar gefallen? Ich habe solche Zeiten in meinem Leben immer wieder erlebt und möchte dir sagen:
Du bist ausgerüstet mit Seinem Wort, hast schon in vielen Dingen überwunden, in manchen schwierigen Momenten Standfestigkeit bewiesen und du wirst mit Jesus an deiner Seite auch durch diese nächste Etappe hindurchgehen und sie sicher bestehen. Zweifle nicht an Seiner Güte, an Seiner Treue. Er ist immer für dich! Bleibe unter dem Schatten des Höchsten, Er gibt dem Schwachen Kraft und Stärke. Er stützt alle Fallenden und richtet alle Niedergebeugten wieder auf. Es ist der Herr, der dich immer wieder aufstehen lässt. Gegen alle Anläufe des feindes, gegen alle negativen Gedanken, gegen alle gesundheitliche Beeinträchtigung, gegen alle eigene Unzulänglichkeit.

Der HERR ***stützt alle Fallenden****, er* ***richtet auf alle Niedergebeugten****.*
Psalm 145,14

Glücklich der, dessen ***Hilfe*** *der Gott Jakobs ist, dessen* ***Hoffnung*** *auf dem HERRN, seinem Gott, steht, der Himmel und Erde gemacht hat, das Meer und alles, was in ihnen ist; der Treue hält auf ewig.*
Psalm 146,5-6

Fallengelassen?

Zahlreiche Menschen erfahren in ihrem Leben Dinge, die in ihrem Herzen tiefe Wunden hinterlassen. Wunden, die nicht richtig verheilen. Ihr Vertrauen wurde missbraucht, es kam zu ungerechtfertigten Angriffen, zu Zurückweisungen, Verletzungen usw. Menschen haben sie „fallengelassen". Die Erfahrung des Fallengelassenwerdens hat tiefgreifende Folgen und wirft lange Schatten in das Leben von Menschen. Sie haben den Eindruck, dass sie nicht mehr „aufstehen" und nicht mehr „laufen" können.

So ging es auch einem fünfjährigen Jungen im Alten Testament. Er wurde fallengelassen …
Es war Mefi-Boschet. Wenn du in einer ähnlichen Situation steckst, dann lies einmal seine bemerkenswerte Geschichte im Alten Testament in 2. Samuel 4,4 und 9,1-13.

Mefi-Boschet war der Sohn Jonathans, des Sohnes König Sauls, der als 5-jähriger Junge in einer sehr bedrohlichen Situation hastig von seiner Kinderfrau auf den Arm genommen wurde, die ihn in Sicherheit bringen wollte. In der Eile des Augenblicks ließ sie ihn unglücklich fallen, er verletzte sich schwer und war für den Rest seines Lebens an beiden Füßen gelähmt. Und was noch dramatischer ist, er wurde vergessen. Die Geschichte zog an ihm vorbei, er spielte keine Rolle mehr, wurde übersehen, obwohl er der Sohn Jonathans war, des besten Freundes Davids. Fallengelassen – so sah er sich. Er bezeichnete sich selbst als einen „toten Hund", das war sein Selbstbild. Doch irgendwann wandte sich das Blatt. David, inzwischen zum König gekrönt, erinnerte sich. Er sagte: „*Gibt es jemand … damit ich Gottes Gnade an ihm erweise?*" Man ließ Mefi-Boschet holen und er wurde vom König erhoben. Von nun an durfte er am Tisch des Königs sitzen und bekam alles zurückerstattet, was verloren war.

Wenn du von Menschen fallengelassen wurdest und dich selbst als jemanden ansiehst, der nicht mehr aufstehen und laufen kann, dann möchte ich dir heute dieses Wort zusprechen:

Der Herr wird dein Leben wiederherstellen, du wirst wieder positioniert werden und das, was verloren war, wird dir zurückerstattet werden. Du wirst neu in die Gemeinschaft mit dem Herrn kommen und an Seinem überreich für dich gedeckten Tisch sitzen. Er schenkt dir voll ein, Er bereitet für dich im Angesicht deiner Feinde den Tisch, Er salbt dich wieder neu und setzt dich ein.

Du bereitest vor mir einen Tisch *angesichts meiner Feinde; du hast mein Haupt mit Öl gesalbt, mein Becher fließt über.* ***Nur Güte und Gnade werden mir folgen*** *alle Tage meines Lebens; und ich kehre zurück ins Haus des HERRN lebenslang.*
Psalm 23,5-6

Ich aber …!

Du kennst es bestimmt, dass man manchmal an einen Punkt kommt, an dem man sagt: „Jetzt reicht's mir! Ich muss etwas unternehmen! Ich brauche Hilfe." So ging es auch David in einer brenzligen Situation. Die Sache sah nicht gut aus, doch er traf einen festen Entschluss, nahm Haltung an, grub seine Fersen ein und sagte zu sich: „Ich aber …!"

„Ich aber …!"
Wenn wir mitten in Nöten und Schwierigkeiten stecken, die Dinge ausweglos aussehen, etwas nicht zustande kommen will, andere Menschen behaupten, dass es doch umsonst ist, weiter zu warten, zu hoffen oder zu beten, dann sollten wir genau das Gleiche wie David tun und sagen:

„… ich rufe zu Gott!"
Das war für David die Lösung, er richtete sich an Denjenigen, von dem er wusste, dass Ihm alle Dinge möglich sind. Den, den er in so vielen brenzligen, bedrohlichen Situationen erlebt hatte. Den, der allein verlässlich war, der die Strategie und den Ausweg kannte. Und sein starkes Zeugnis, das er voller Überzeugung ausrief, lautete:

„… und der Herr hilft mir!“

In all seinen Herausforderungen und Aufgaben, morgens, mittags und abends, hielt er diese Gewissheit aufrecht. Und sie gilt auch für dich. Sie gilt für deine brenzlige Situation, für den feind, der dir gegenübersteht, den Mangel, der dir das Leben schwer macht und für all das, wo du selbst keine Lösung mehr hast oder siehst.

David erklärte voller Gewissheit und Zuversicht:

„… und er hat meine Stimme gehört! Er hat meine Seele zum Frieden erlöst!“

Ich möchte dich heute ermutigen, genauso wie David aufzustehen, deinen Stand einzunehmen und dich an den mächtigen Herrn zu erinnern, „dem alle Gewalt gegeben ist im Himmel und auf Erden“ [9], der dir gerade jetzt in deinen Nöten und Wünschen begegnen und dir Seinen übernatürlichen Schalom schenken möchte.

Ich aber, ich rufe zu Gott, und der Herr hilft mir … und er hat meine Stimme gehört. ***Er hat meine Seele zum Frieden erlöst****.*

Psalm 55,17-19

Zur Freiheit befreit

In der Bibel lesen wir immer wieder, dass die Menschen, die sich gegen den Bund auflehnten, den Gott mit ihnen geschlossen hatte, dadurch die Tür für Gefangenschaft und

9 Matthäus 28,18

Niederlage in ihrem Leben öffneten. Das gilt bis heute. Doch Gefangenschaft ist nicht das, was Gott für dein Leben geplant hat. Zur Freiheit hat dich Christus befreit!

Der feind wird immer versuchen, dich in irgendeine Form von Gefangenschaft hineinzuführen. Das kann durch die unterschiedlichsten Dinge geschehen. Hast du beispielsweise für eine bestimmte Sache gebetet, die sich dann nicht erfüllt hat? Hast du dich frustriert oder beleidigt von Gott abgewandt? Dann solltest du dich wieder umdrehen und Gott nicht den Rücken zuwenden, sondern Ihm deine Hände und dein Herz entgegenstrecken. Sonst bedrohen Gefangenschaft und Niederlage dein Leben.

Wenn der feind dich nicht dazu bringen kann, zu sündigen, dann wird er versuchen, dich mit anderen, auf den ersten Blick harmlos aussehenden Dingen zu verführen. Er wird dir beispielsweise einreden, dich als Versager zu sehen, als jemand, der es wieder einmal nicht geschafft hat. Auch hiermit kann er dich in Gefangenschaft und Niederlage festhalten. Richte deshalb deinen Blick auf Jesus. Er ist derjenige, der dich aus jeder Form von Gefangenschaft herausholen will.

Zur Freiheit *hat uns Christus* ***befreit****.*
Epheser 4,17

Wenn wir unsere Sünden bekennen, ist er treu und gerecht, dass er uns die Sünden vergibt, und uns reinigt von jeder Ungerechtigkeit!
1.Johannes 1,9

Das gestohlene Rhema-Wort

Gott spricht auf unterschiedliche Weise zu Seinen Kindern. Wenn wir mit Ihm leben, lernen wir immer mehr, Ihn zu hören und unser Leben nach dem, was Er uns sagt, auszurichten. Und manchmal stellen wir fest, dass mit dem gelesenen, gehörten, empfangenen Wort, dem ‚Logos', etwas ganz Eigentümliches passiert. Es wird zu einem ‚Rhema'-Wort für uns – einem Wort, das für uns ganz persönlich gilt.

Was bedeutet es, ein Rhema-Wort zu bekommen? Rhema ist ein Wort, das aus dem Griechischen kommt. Im Neuen Testament wird es gebraucht als ein lebendiges, wirksames Wort, das Kraft hat, die Dinge zu verändern. Es ist das Wort, das in uns Glauben wachsen lässt. Es ist meist ein sehr spezifisches Wort, direkt in unsere Situation hineingesprochen.

Es ist so: Du liest in der Bibel und realisierst plötzlich, dass das Gelesene für dich persönlich gilt. Es ist ganz real für dich. Du sagst: „Ja, das ist genial. Danke Herr! Bis jetzt hatte ich das nicht richtig verstanden, aber jetzt will ich es in meinem Leben umsetzen!"
Oder du hörst in einer Predigt einen Satz, der dir hängen bleibt. Du weißt, dass der Herr gerade zu dir persönlich gesprochen hat und in dir wächst Glaube.
Oder jemand spricht mit dir und gibt dir einen Eindruck von Gott weiter. Du prüfst ihn in deinem Herzen und kommst zu der Erkenntnis: „Ja, das stimmt! Danke Herr, dass Du mich gestärkt und ermutigt hast!"

Aber kaum, dass du die Bibel zugeklappt, den Gottesdienstraum verlassen hast oder wieder in deinen vier Wänden angekommen bist, droht sich das kürzlich so freudig aufgenommene Wort zu relativieren. Du denkst: „Ach, das ist ja eigentlich doch nicht so dramatisch wichtig …, das mach ich später …, na ja, ich warte mal ab, vielleicht habe ich mich verhört …". Dann erinnere dich daran, was das Wort Gottes sagt:

Der Dieb kommt nur, um die Schafe zu stehlen und zu schlachten und um Verderben zu bringen. Ich aber bin gekommen, um ihnen Leben zu bringen – Leben in ganzer Fülle!
Johannes 10,10 – NGÜ

Der Dieb ist der teufel, der das Wort Gottes aus deinem Herzen und deinem Leben rauben will. Widerstehe seiner Absicht! Lass dich nicht berauben. Das Rhema-Wort des Herrn ist etwas Kostbares und sehr Wichtiges für dich. Es ist etwas, was Ewigkeitswert hat. Der Herr hat es dir nicht ohne Grund gegeben. Er weiß, dass du es jetzt brauchst. Halte es deshalb fest, nimm es ernst und du wirst sehen, dass es dir zum großen Segen wird.

Also ist der ***Glaube*** *aus der Verkündigung, die Verkündigung aber durch das* ***Wort*** [Rhema] *Christi.*
Römer 10,17

Denn ***kein Wort*** [Rhema], *das von Gott kommt,* ***wird kraftlos sein****.*
Lukas 1,37

Der Münzsammler

Ich las im Buch der Sprüche einen Vers, der mich an einen Mann erinnerte, der wertvolle Münzen sammelte:

Bewahre meine Worte, und meine Gebote birg bei dir!
Sprüche 7,1

Jeden Tag verbrachte dieser Sammler ein bis zwei Stunden – am Wochenende eher mehr – mit seinen Münzen. Er studierte, betrachtete und polierte sie und widmete ihnen viel Zeit. Seine Kellerräume ließ er besonders sicher ausbauen, denn er wollte seinen „Schatz“ sicher bergen. Ich dachte darüber nach, wie sehr sich sein Denken, seine ganze Ausrichtung, seine Zeiteinteilung und Aufmerksamkeit mit diesen Münzen beschäftigte.

In der Aufforderung dieses Verses ist die Rede davon, dass wir das Wort Gottes bei uns bergen sollen. Bergen ist ein alter Ausdruck, den wir heute selten verwenden. Er bedeutet: erhalten, sichern, verteidigen, abschirmen, verschanzen, unter Verschluss bringen …

Das heißt, du sollst das Wort Gottes ganz praktisch in deinen Besitz nehmen und es bewahren und schützen. Wovor? Vor dem feind, der immer wieder versucht, dir dieses Wort wegzunehmen. Er setzt alles daran, in dein Herz einzudringen und die Zusagen Gottes zu rauben. Er versucht, das Wort aus deinem Mund zu entfernen oder es zu verwässern. Doch das Wort Gottes, und die darin für dich enthaltenen Gebote, Verheißungen und Zusagen sind dein wertvoller Schatz. Du musst ihn bewahren.

Brauchst du Heilung, Wiederherstellung, Weisheit, Fülle, Segen, Leitung …? Dann fülle dein Herz mit dem Wort Gottes. Bewahre es. Betrachte es. Verteidige es. Verschließe es in deinem Herzen.

Mein Sohn, auf meine ***Worte*** *achte, meinen Reden neige dein Ohr zu! Lass sie nicht aus deinen Augen weichen,* ***bewahre sie im Innern deines Herzens!*** *Denn* ***Leben sind sie denen, die sie finden, und Heilung für ihr ganzes Fleisch****. Mehr als alles, was man sonst bewahrt, behüte dein Herz! Denn in ihm entspringt die Quelle des Lebens.*
Sprüche 4,20-23

Guter Rat

Bist du offen für gute Ratschläge? Ich meine damit von Herzen kommende und ernstgemeinte Ratschläge von Menschen, die dich kennen, dir zuhören und wirklich wollen, dass es dir gut geht. Die besten Ratschläge findest du in der Bibel. Sie ist prall gefüllt damit. Gott will dir guten Rat für dein Leben und deinen Glaubensweg geben. Der Hebräerbrief ist ein hervorragendes Beispiel dafür.

Der Anlass des Briefes war, dass die Leser eine besondere Ermahnung brauchten. Einige waren zum Glauben an Jesus gekommen, dann aber wieder schwankend geworden. Deshalb lesen wir in diesem Brief immer wieder Worte wie beispielsweise: *„Haltet fest“*, *„Schreitet vorwärts zur Reife“*.[10]

10 Hebräer 3,6; 6,1

Ist es nicht genau das, was wir auch brauchen? Das Festhalten und Wachsen im Glauben, das Vorwärtsdrängen, dass wir weiterkommen und nicht da stehen bleiben, wo wir gerade sind. Die Bibel teilt es uns mit, weil es wichtig für unser Leben ist, dass wir den Weg im Glauben weiterlaufen. Wir sollen immer mehr vorwärtsgehen, nicht stehen bleiben. Und wir sollen uns nicht mit der Wegstrecke, die hinter uns liegt, zufrieden geben – es gibt so viel mehr bei Gott.

Der Brief an die Hebräer ist zur Festigung des Glaubens, als Ansporn, Ermutigung und Ermahnung gedacht. Er fordert auch uns auf, nicht wieder in die alten Verhaltensmuster, in die alten Wege oder womöglich gar in ein Leben der Sünde zurückzufallen.

Lass den heutigen Tag einen Tag des Wachstums und des Voranschreitens im Glauben werden. Lauf deinen Lauf! Und wenn es dir möglich ist, dann lies doch einfach einmal den ganzen Hebräerbrief am Stück durch. Es wird dich segnen.

Ermuntert einander jeden Tag*, solange es heute heißt, damit niemand verhärtet werde durch Betrug der Sünde.*
Hebräer 3,13

Deswegen müssen wir umso mehr ***auf das achten, was wir gehört haben****, damit wir nicht etwa am Ziel vorbeigleiten.*
Hebräer 2,1

Trotzphase

Kleine Kinder gehen durch verschiedene Entwicklungsschritte, die wichtig sind, damit sich ihre Persönlichkeit richtig entfaltet. Ganz entscheidend dabei ist die Trotzphase. Mit aller Energie, die in ihm ist, sträubt sich das Kind plötzlich gegen gewisse Dinge. Die ganze Persönlichkeit steht auf und signalisiert: „Ich bin dagegen!"

Selbst wenn es für viele Eltern eine herausfordernde Zeit ist, die Trotzphase ist etwas außerordentlich Wichtiges und Notwendiges für die Entwicklung der Persönlichkeit des Kindes.

Auch bei uns als Kindern Gottes soll sich die geistliche Persönlichkeit entfalten und wir müssen verstehen, dass es sehr gut und notwendig ist, wenn auch wir uns gegen bestimmte Dinge stellen – nämlich gegen die Verlockung und Verführung dieser Welt und gegen die Attacken und Versuchungen des feindes. Der teufel ist ein Lügner! Wir haben gegenüber seinen Machenschaften in unserem Leben Widerstand zu leisten, und zwar mit aller Energie und aller Kraft, die in uns ist. Widerstehen heißt, festzubleiben, sich entgegenzustellen, nicht zu wanken, sich zu verteidigen, seinen Standpunkt nicht aufzugeben.

Wir sind diesen feindlichen Angriffen nicht schutzlos ausgeliert. Wir können widersprechen, uns dagegenstellen, Position einnehmen und Widerstand leisten. Wir können sagen: „Ich weiche nicht zurück vor diesen Attacken, ich lasse das nicht los, was Gott mir verheißen hat. Ich bleibe stehen. Ich nehme meinen Stand ein. Jesus kam, um die Werke des teufels zu zerstören.

Er hat den Sieg! In dem mächtigen Namen Jesus lasse ich mir nichts mehr vom feind diktieren oder wegnehmen!" Das ist eine der großen Herausforderungen unseres Lebens. Und manchmal kann es sein, dass wir uns über einen längeren Zeitraum „positionieren" müssen. Sag „Nein" zum feind und widerstehe ihm. Darauf liegt eine geniale biblische Verheißung:

Unterwerft euch nun Gott! ***Widersteht aber dem Teufel! Und er wird von euch fliehen****.*
Jakobus 4,7

Gebt dem Teufel keinen Raum!
Epheser 4,27

Dennoch ***bleibe ich stets an dir****; denn du hältst mich bei meiner rechten Hand, du leitest mich nach deinem Rat und nimmst mich am Ende mit Ehren an. Wenn ich nur dich habe, so frage ich nichts nach Himmel und Erde.*
Psalm 73,23-25

Glücklich sein – wer will das nicht?

Glücklich sein – wer will das nicht? Es ist ein Streben, das allen Menschen gleich ist. Man meint damit, eine Aufgabe oder ein Ziel zu haben, für das es sich zu leben lohnt; in Beruf und Beziehungen erfolgreich zu sein; auf der Sonnenseite des Lebens zu stehen; Gunst zu haben; Gewinner zu sein, Glückspilz, Sieger, Liebling, Favorit.

All das sind die Inhalte, die wir mit „glücklich sein" verbinden. Es sind tiefe Herzenswünsche und Sehnsüchte in uns. Fast alle Zeitschriften und sonstigen Ratgeber bieten dazu Tipps an. Doch schnell ist man auf der Suche nach Glück dabei, aus falschen Quellen zu schöpfen und die falschen Türen zu öffnen, durch die der feind dann munter einmarschiert. Er lässt sich nicht zweimal einladen – er kommt sofort. Doch die Heilige Schrift verrät uns:

Wirklich ***glücklich*** *sind die Menschen, die Gottes Wort hören und danach tun!*
Lukas 11,28

Das Wort Gottes ist die reinste und klarste Quelle in deinem Leben. Es ist eine Quelle mit lebendigem Wasser, das dich erfrischt und aufbaut, dich heilt und wiederherstellt. Verpasse es an keinem Tag, aus dieser Quelle zu trinken. Wenn du das Wort Gottes hörst, wird der Heilige Geist in dir zu wirken beginnen und dir zeigen und sagen, wie du handeln sollst. Vertraue Ihm, Er wird dich recht führen.

Glücklich *sind, die seine Zeugnisse bewahren, die ihn von ganzem Herzen suchen.*
Psalm 119,2

Mehr als alles, was man sonst bewahrt, behüte dein Herz! Denn in ihm entspringt die ***Quelle*** *des Lebens.*
Sprüche 4,23

Un-zu-Frieden?

Ein Wort, das mir in letzter Zeit häufig begegnete, ist „Unzufriedenheit". In Gesprächen höre ich immer wieder die Klagen und das Bedauern über bestimmte Umstände oder Zustände, die nicht so leicht zu verändern sind. Bist du „un-zu-frieden"? Das bedeutet, dass du nicht im Frieden bist. Was hat dich aus dem Bereich des Friedens herausgeholt? Druck? Negative Umstände? Furcht? Ärger? Frust? Bedrängnisse? Ablehnung? Der feind setzt jedenfalls alles daran, um dich aus dem Frieden Gottes herauszubringen, dich „fried-los" zu machen.

Der Inhalt des Begriffs „friedlos" bedeutet so viel wie: rastlos, immer auf dem Sprung sein, unstet, umgetrieben, unruhig sein. Trete heute aus diesem Bereich der inneren Friedlosigkeit heraus und komme wieder hinein in den Frieden mit Gott, der so viel mehr und so viel höher ist als unsere eigenen Gedankengebäude und Vorstellungen. Das Neue Testament fordert uns auf, in „Neuheit" zu leben – und das beinhaltet auch den übernatürlichen Frieden Gottes, Seinen Schalom.

So sind wir nun mit ihm begraben worden durch die Taufe in den Tod, damit, wie Christus aus den Toten auferweckt worden ist durch die Herrlichkeit des Vaters, so werden auch wir in ***Neuheit des Lebens*** *wandeln.*
Römer 6,4

Die Wortbedeutung von Neuheit ist: Neubeginn, Neuland, Neubildung, Neuorientierung, Neugestaltung, Neuordnung. Neuheit des Lebens in der Bibel bedeutet, dass wir von Neuem geboren sind,[11] dass wir ein neues Gebot empfangen haben,[12] in einem neuen Leben wandeln sollen, dass wir eine neue Kreatur sind[13] und vieles mehr.

Gott möchte dich ganz neu, gerade jetzt, mit dem Reichtum Seiner Gnade und Liebe beschenken. Er möchte dir Neuausrichtung in deinem Herzen geben und den Mantel Seines Friedens und Seiner Geborgenheit um dich legen.

*Meinen **Frieden** gebe ich euch; nicht wie die Welt gibt, gebe ich euch. Euer Herz werde nicht bestürzt, sei auch nicht furchtsam.*
Johannes 14,27

*Seid um nichts besorgt, sondern in allem sollen durch Gebet und Flehen mit Danksagung eure Anliegen vor Gott kundwerden; und der **Friede** Gottes, **der allen Verstand übersteigt**, wird eure Herzen und eure Gedanken bewahren in Christus Jesus.*
Philipper 4,6-7

*Denn Gott ist nicht ein Gott der Unordnung, sondern des **Friedens**.*
1.Korinther 14,33

11 Johannes 3,3
12 Johannes 13,34
13 2.Korinther 5,17

Mensch ärgere dich nicht

Manchmal sind es ganz kleine Dinge in unserem Leben, die uns dazu bringen, dass wir uns ärgern oder zornig aufbrausen. Doch Ärger ist keine ungefährliche Sache, kein Kavaliersdelikt; es wie ein Unkraut, das sich ausbreitet und schlechte Frucht bringen wird.

Wenn uns die Bibel auffordert: „Die Sonne gehe nicht unterüber eurem Zorn", dann ist das mehr als ein guter Ratschlag. Es ist ein Auftrag. Der Heilige Geist will uns auch in diesem Lebensbereich helfen und leiten; Er will uns schützen, wenn die Gefahr von Ärger, Zorn und Wut auf uns lauert. Komm mit Seiner Hilfe raus aus dem „Mensch ärgere dich", in das der feind dich locken will.

*Zürnet, und sündigt dabei nicht! Die Sonne gehe nicht unter über eurem **Zorn**, und gebt dem teufel keinen Raum!*
Epheser 4,26-27

*Denn Gott hat uns nicht zum **Zorn** bestimmt, sondern zum Erlangen des Heils durch unseren Herrn Jesus Christus.*
1.Thessalonicher 5,9

Deine Medizin

Immer wieder kommt es in unserem Leben vor, dass wir mit Krankheit konfrontiert und attackiert sind. Wir fühlen uns nicht nur körperlich schwach und elend, sondern auch unser innerer Mensch befindet sich in einem angegriffenen Zustand. Denn wir sind in einer Einheit geschaffen, die Geist, Seele und Körper gleichermaßen betrifft.

Vor einiger Zeit ging es mir so. Ich war krankheitsmäßig wirklich ausgeschaltet und nicht mehr in der Lage, auch nur eine Kleinigkeit zu unternehmen, ich lag fest im Bett. Was konnte ich tun, um den Prozess der Wiederherstellung zu beschleunigen? Im Natürlichen bekam ich Medizin. Aber was tun mit dem angefochtenen Zustand in meinem inwendigen Menschen? Ich habe gelernt, dass Jesus auch da mein Versorger ist. Er möchte unseren Geist immer aufrichten. Und das beschleunigt auch unsere körperliche Heilung.

Nimm das Wort Gottes deshalb einfach wie Medizin ein. Fülle deinen inwendigen Menschen mit den biblischen Verheißungen, dass Gott dein Leben berühren und dich heilen möchte. Das Wort ist ganz real „*Heilung für dein ganzes Fleisch*".

Mein Sohn, auf meine ***Worte*** *achte, meinen Reden neige dein Ohr zu! Lass sie nicht aus deinen Augen weichen, bewahre sie im Innern deines Herzens! Denn Leben sind sie denen, die sie finden, und* ***Heilung für ihr ganzes Fleisch****.*
Sprüche 4,20-22

Denn immer, wenn wir das Wort Gottes lesen, es aussprechen, es hören, es proklamieren, darüber nachdenken, dann haben wir es mit weitaus mehr als nur einem normalen Wort zu tun. Es ist völlig anders als alle Nachrichten, Meldungen, Informationen, Sendungen, Zeitungen oder andere Botschaften, die wir hören, lesen oder empfangen. Es besitzt ein komplett davon losgelöstes, unvergleichliches Qualitätsniveau.

Er sandte sein Wort und heilte sie*, er rettete sie aus ihren Gruben.*
Psalm 107,20

Ich möchte dir einige Verheißungen der Bibel als „Medizin" für deine Heilung weitergeben. Es sind Bibelstellen zum Lesen und Aufnehmen in deinen inneren Menschen. Der Herr ist treu zu Seinem Wort und Er wird dafür sorgen, dass es nicht leer zurückkommt, sondern bewirkt, wozu Er es ausgesandt hat.[14]

Wenn du willig auf die Stimme des HERRN, deines Gottes, hörst und tust, was in seinen Augen recht ist, seinen Geboten gehorchst und all seine Ordnungen hältst, dann werde ich dir keine der Krankheiten auferlegen, die ich den Ägyptern auferlegt habe; denn ***ich bin der HERR, der dich heilt****.*
2.Mose 15,26

Und ihr sollt dem HERRN, eurem Gott, dienen: so wird er dein Brot und dein Wasser segnen, und ***ich werde alle Krankheit aus deiner Mitte entfernen****.*
2.Mose 23,25

Rufe mich an am Tag der Not; ***ich will dich retten****, und du wirst mich verherrlichen!*
Psalm 50,15

14 Jesaja 55,11

Weil er an mir hängt, will ich ihn retten. Ich will ihn schützen, weil er meinen Namen kennt. Er ruft mich an, und ich antworte ihm. Ich bin bei ihm in der Not. ***Ich befreie ihn*** *und bringe ihn zu Ehren.* ***Ich sättige ihn mit langem Leben*** *und lasse ihn mein Heil schauen.*
Psalm 91,14-16

Der da vergibt alle deine Sünde, ***der da heilt alle deine Krankheiten****.*
Psalm 103,3

Ich werde nicht sterben, sondern leben *und die Taten Jahs erzählen.*
Psalm 118,17

Vertraue auf den HERRN mit deinem ganzen Herzen und stütze dich nicht auf deinen Verstand! Auf all deinen Wegen erkenne nur ihn, dann ebnet er selbst deine Pfade! Sei nicht weise in deinen Augen, fürchte den HERRN und weiche vom Bösen! ***Das ist Heilung für deinen Leib****, Labsal für deine Gebeine.*
Sprüche 3,5-8

Herr! Ich will dich loben … für alles, worin mein Geist lebt. Und ***du machst mich gesund*** *und erhältst mich am Leben.*
Jesaja 38,16

Jedoch unsere Leiden – er hat sie getragen, und unsere Schmerzen – er hat sie auf sich geladen … er war durchbohrt um unserer Vergehen willen, zerschlagen um unserer Sünden willen. Die Strafe lag auf ihm zu unserm Frieden, und ***durch seine Striemen ist uns Heilung geworden****.*
Jesaja 53,4-5

Aber euch, die ihr meinen Namen fürchtet, wird die Sonne der Gerechtigkeit aufgehen, und ***Heilung ist unter ihren Flügeln****.*
Maleachi 3,20

Er … heilte im Volk alle Krankheiten und Leiden. … ***er heilte sie alle****.*
Matthäus 4,23-25

Er heilte alle Leidenden, damit erfüllt würde, was durch den Propheten Jesaja geredet ist, der spricht: ***Er selbst nahm unsere Schwachheiten und trug unsere Krankheiten****.*
Matthäus 8,16-17

Jesus heilte alle Krankheiten *und Leiden.*
Matthäus 9,35

Der Geist des Herrn ist auf mir, weil er mich gesalbt hat, Armen gute Botschaft zu verkündigen; er hat mich gesandt, ***Gefangenen Freiheit auszurufen*** *und Blinden, dass sie wieder sehen, Zerschlagene in Freiheit hinzusenden, auszurufen ein angenehmes Jahr des Herrn.*
Lukas 4,18-19

Jesus von Nazareth, wie Gott ihn mit Heiligem Geist und mit Kraft gesalbt hat, der umherging und wohltat und ***alle heilte, die von dem Teufel überwältigt waren****; denn Gott war mit ihm.*
Apostelgeschichte 10,38

Er selbst aber, der Gott des Friedens, heilige euch völlig; und vollständig ***möge euer Geist und Seele und Leib untadelig bewahrt werden*** *bei der Ankunft unseres Herrn Jesus Christus!*
1.Thessalonicher 5,23

... ***durch dessen Striemen ihr geheilt worden seid***.
1.Petrus 2,24

Geliebter, ***ich wünsche, dass*** *es dir in allem wohlgeht und* ***du gesund bist****, wie es deiner Seele wohlgeht.*
3.Johannes 1,2

Leidet jemand unter euch? Er bete ... Ist jemand krank unter euch? Er rufe die Ältesten der Gemeinde zu sich, und sie mögen über ihm beten und ihn mit Öl salben im Namen des Herrn. Und ***das Gebet des Glaubens wird den Kranken retten****, und der Herr wird ihn aufrichten, und wenn er Sünden begangen hat, wird ihm vergeben werden.*
Jakobus 5,13-15

Zweifelhafter Glaube

Wir sprechen häufig Dinge aus, die in unserem Herzen den Zweifel geradezu füttern. Jeden Tag begegnen uns Situationen, in denen unser Glaube eine Entscheidung fordert. Vertrauen wir den Verheißungen Gottes, Seinem Wort, Ihm selbst – oder scheint uns das, was sich da im Natürlichen vor unseren Augen abspielt, logischer, glaubhafter und vertrauenswürdiger zu sein?

Die Umstände unseres Lebens zeichnen häufig ein Bild, das uns an der Zuverlässigkeit der Zusagen Gottes zweifeln lassen soll. Der feind spart nicht mit seinen abgedroschenen Parolen des Zweifels und seinen Hinweisen, dass die Dinge ja ganz anders sein müssten als sie es sind, wenn es einen liebenden Gott geben würde.

Vor einiger Zeit hörte ich zwei Frauen bei einem Gespräch zu. Die eine berichtete der anderen über ihre Krankheit: „Ach weißt du, die habe ich jetzt schon seit Monaten, und die werde ich nicht mehr los! Na ja, man gewöhnt sich ja auch daran." Die andere antwortete ihr mit Zustimmung: „Ja, bei mir wird es ja auch nicht mehr besser, es wird immer nur noch schlimmer."

Nicht selten sprechen wir Christen unweise ganz ähnliche Dinge aus:

- „Ich habe schon so oft gebetet, aber der Herr erhört mich ja nicht."
- „Ich habe schon so viel Glauben gehabt, aber jetzt bin ich drauf und dran, ihn aufzugeben."
- „Ich glaube nicht mehr daran, dass sich noch etwas ändern wird."
- „Ich würde ja anders leben, wenn der Herr es wollte."
- „Ich habe einfach keine Kraft."
- „Mir antwortet der Herr eben nicht, ich kann Ihn einfach nicht hören."

Wenn du so redest, dann sprichst du den blanken Unglauben über dir aus. Und das, was du aussprichst, wirst du irgendwann glauben und schließlich wird es zur Realität in deinem Leben werden.

Der feind versucht immer und immer wieder, Zweifel in dein Herz und dein Denken zu säen. Er möchte nicht, dass du im Glauben wächst. Er möchte nicht, dass du stark wirst. Zweifel ist das Gegenteil von Glauben. Wenn du den Zweifel in dir fütterst, dann wird er wachsen und fett werden und deinen Glauben irgendwann völlig verdrängen.

Du musst stattdessen den Glauben in dir zunehmen lassen. Lies das Wort Gottes, fülle dein Herz damit, lass es dort heranreifen und an Kraft zunehmen, sprich es aus, bete es. Und irgendwann wirst du feststellen, dass dein Glaube jeden Zweifel verdrängt hat.

Und [Abraham] ***zweifelte nicht*** *durch Unglauben an der Verheißung Gottes, sondern wurde gestärkt im Glauben, weil er Gott die Ehre gab.*
Römer 4,20

Er bitte aber im Glauben, ***ohne*** *irgend* ***zu zweifeln****; denn der Zweifler gleicht einer Meereswoge, die vom Wind bewegt und hin und her getrieben wird.*
Jakobus 1,6

Jesus aber antwortete und sprach zu ihnen: Wahrlich, ich sage euch: Wenn ihr Glauben habt und ***nicht zweifelt****, so werdet ihr nicht allein das mit dem Feigenbaum Geschehene tun, sondern wenn ihr auch zu diesem Berg sagen werdet: Hebe dich empor und wirf dich ins Meer!, so wird es geschehen.*
Matthäus 21,21

Seine Treue

Ich hing meinen Gedanken nach, während ich im Auto wartete und das trübe Regenwetter mit den schweren Wolken betrachtete. Mir fiel so dies und das ein und ich bemerkte, wie meine Gedanken dem trüben Wetter immer mehr zu ähneln begannen.

Und da war es auch schon, dieses „Ach, Herr ...!“, das aus der Tiefe meines Seins aufstieg. Ich dachte an all die Dinge, die noch nicht gelöst waren, die in Erwartung immer wieder neu erbeten und sorgsam beobachtet wurden, mit diesem gewissen Etwas, das eben genau mit diesem „Ach, Herr …!“ einhergeht.

Als ich so mit meinen Gedanken dasaß und betete, sagte ich: „Ich bräuchte echt ein Zeichen Deiner Versorgung. Ein Zeichen, dass Du die Lösungen wirklich hervorbringen wirst, Herr!“

Der Regen prasselte weiter auf die Autoscheiben, der Wind blies und es war einfach extrem ungemütlich da draußen. Da, plötzlich – da war er … ein Regenbogen! Grandios und fett in allen Farben leuchtend, die ihm zur Verfügung standen. Ein riesiger, leuchtender Bogen über mir.

Mir kamen die Tränen über diese prompte Antwort Gottes für mich, so ganz persönlich. Er hatte nicht gespart, sondern erinnerte mich an Sein Bündnis, an Seine Treue, an das, was Er schon einst zu Noah gesagt hatte:

Wenn der ***Bogen in den Wolken*** *steht, werde ich ihn ansehen, um an den* ***ewigen Bund*** *zu denken zwischen Gott und jedem lebenden Wesen unter allem Fleisch, das auf Erden ist!*
1.Mose 9,16

Sei ermutigt! Der Herr ist in Seiner Treue bei dir, Er versorgt dich, auch wenn du es im Moment noch nicht so sehen kannst. Er wird einen Weg bahnen, auf dem du gehen kannst. Er wird die Dinge zusammenfügen, die du brauchst. Seine Gnade und Treue werden dich nicht verlassen.

Gnade und Treue *sollen dich nicht verlassen.*
Sprüche 3,3

Denn ich bin arm und elend; ***der Herr aber sorgt für mich****.*
Du bist mein Helfer und Erretter; mein Gott, säume doch nicht!
Psalm 40,18

Verlassen und vergessen?

Manche Menschen leiden unter dem entsetzlichen Gefühl, verlassen oder vergessen worden zu sein. Sie fühlen sich einsam und ungeschützt. Manchmal ist dieses Gefühl so stark, dass es körperliche Schmerzen nach sich zieht. Manchmal sind Versagensängste, Befürchtungen und Sorgen dabei. Immer wieder kommen die Gedanken hoch und äußern sich in einem inneren Dialog, der stets nach dem gleichen Muster abläuft. Vielleicht gab es in der Kindheit tatsächlich eine Situation des Verlassenseins. Vielleicht war es aber auch nur vom kindlichen Verständnis her so empfunden worden. Viele Menschen können sich an keine direkte Situation erinnern, aber dennoch ist dieses beängstigende Gefühl immer wieder da.

Wenn du in diesem Bereich angegriffen bist, möchte ich dir heute ein Wort aus der Bibel zusprechen. Es besitzt die Kraft, die Lüge dieses lähmenden Gefühls zu entlarven und dich davon zu befreien. Denn das Wort Gottes sagt etwas ganz anderes. Nimm es heute als Seinen persönlichen Zuspruch für dich. Du kannst es im Glauben ergreifen und damit weitergehen. Schreibe es dir auf und proklamiere es in deinem

Leben. Immer, wenn die Gefühle des Verlassenseins oder der Einsamkeit kommen, setze ihnen ganz bewusst das Wort Gottes entgegen.

In Jesaja 49 lesen wir von einem Dialog zwischen Zion und dem Herrn. Zion beschreibt die Ausgangslage:

Verlassen *hat mich der Herr, der Herr hat mich* ***vergessen!***
Jesaja 49,14

Dann kommt die Antwort des Herrn mit einem treffenden Beispiel:

Vergisst *etwa eine Frau ihren Säugling, dass sie sich nicht erbarmt über den Sohn ihres Leibes? Sollten selbst diese vergessen,* ***ich werde dich niemals vergessen!*** *Siehe, in meine beiden Handflächen habe ich dich eingezeichnet.*
Jesaja 49,15-16

Nimm das im Glauben in dein Herz auf. Es gilt für dich! Der Herr hat dich in Seine Hände eingezeichnet und damit stets vor Augen. Er ist treu! Er wird dich niemals, niemals vergessen oder verlassen.

Zum Sieg berufen

Ein deutscher Spitzensportler wurde gefragt, was er tun würde, falls er nicht gewinnt. Seine Antwort blieb mir im Gedächtnis: „Diese Variante kommt für mich nicht in Frage. Ich denke nur an Sieg, nichts anderes!“

Ich fragte mich, wie das in unserem geistlichen Leben aussieht. Haben wir auch nur Siegen als einzige Option im Sinn? Bestimmt Sieg unser Denken? Oder kalkulieren wir da nicht doch eher mit den vielen Möglichkeiten und Varianten des Verlierens?

Wenn wir in unserem Leben vom Verlieren ausgehen, dann hört sich das zum Beispiel so an:

- „Das schaffe ich doch sowieso nicht!"
- „Bei anderen mag das funktionieren, aber bei mir ist das anders!"
- „Bei mir hat das noch nie geklappt!"
- „Ich habe das ja schon versucht, aber es ist schiefgegangen!"

Die entscheidende Frage ist: Glaubst du in deinem Leben eher an Siegen oder eher an Verlieren? Womit füllst du dein Denken, dein Reden, dein Gebet? Das, was du glaubst, was du erwartest und worüber du sprichst, ist genau die Richtung, in die du dich bewegst. Deshalb betont das Neue Testament immer wieder den Sieg, den wir in Christus haben und der unser ganzes Leben in allen Aspekten umfasst. Das Neue Testament ist geradezu ein Buch des Sieges.

Heute ist eine gute Gelegenheit, sich ganz neu für Sieg zu entscheiden und dem feind in deinem Herzen keinen Raum mehr zu geben. Das Wort Sieg bedeutet: Gelingen, Erfüllung, Vorwärtskommen, Lösung, Durchbruch, Ausbeute, Siegespreis, Eroberung … Sei dir sicher: Der Herr will dir Kraft, Hilfe, Strategie schenken und mit dir durch die vielfältigen Herausforderungen deines Lebens gehen. Er will, dass du siegreich bist.

*Gott aber sei Dank, der uns den **Sieg** gibt durch unseren Herrn Jesus Christus!*
1.Korinther 15,57

*Jeder aber, der kämpft, ist enthaltsam in allem; jene freilich, damit sie einen vergänglichen **Siegeskranz** empfangen, wir aber einen unvergänglichen.*
1.Korinther 9,25

*Denn alles, was aus Gott geboren ist, überwindet die Welt; und dies ist der **Sieg**, der die Welt überwunden hat: unser Glaube.*
1.Johannes 5,4

Es ist an der Zeit aufzubrechen

„Lebe deinen Traum!", las ich auf einem Reisekatalog. Viele Menschen haben einen Traum im Herzen, den sie in ihrem Leben verwirklichen wollen. Doch als sie mit anderen darüber sprachen, traten die Warner und Mahner, die Bedenkenträger und Entmutiger auf, die dieses Ziel erst zerredet und dann ausgeredet haben; diejenigen, die sich selbst als „Realisten" bezeichnen. Dann kamen schwierige Umstände und schon ließ man zu, dass der Traum dahinwelkte und letztlich starb ...

Gott legt uns als Seinen Kindern Träume ins Herz. Er hat eine Aufgabe für uns, die erledigt werden muss, einen Auftrag, ein Ziel. Er rüstet uns mit den dazu notwendigen Gaben aus. Und dennoch folgen zahlreiche Menschen nicht dieser gottgegebenen Vision, diesem Traum Gottes für ihr Leben. Sie machen sich nicht auf den Weg, sondern bleiben dort, wo sie schon immer waren. Und ihr Leben plätschert einfach so mehr oder weniger dahin.

Wir lesen in der Lebensgeschichte von Terach, dem Vater Abrahams, etwas ganz Ähnliches. Er war aufgebrochen, um aus Ur in Chaldäa nach Kanaan zu ziehen. Auf halber Strecke lag Haran – und dort ließ er sich nieder. Er blieb dort, wurde uralt und starb dort letztlich.

Und sie zogen miteinander aus Ur, der Stadt der Chaldäer, um in das Land Kanaan zu gehen; und sie kamen nach Haran und wohnten dort … und Terach starb in Haran.
1.Mose 11,31-32

Doch Haran war niemals das Ziel seiner Reise und seines Lebens gewesen. Er wollte nach Kanaan. Er war zwar aufgebrochen, aber dann irgendwo hängen geblieben. Von Abraham jedoch heißt es: „Da brach Abram auf!" Er brach auf Gottes Aufforderung hin auf, ging Schritt für Schritt voran und kam, wenn auch durch viele Anfechtungen, Hindernisse und bedrohliche Situationen hindurch, letztlich in das verheißene Land seines Lebens.

Wenn du einen Traum, einen Auftrag, eine Vision, ein Ziel von Gott im Herzen hast, dann geh los und du wirst sehen, dass Gott mehr für dich hat. Die Zeit ist jetzt gekommen, dich aufzumachen und in etwas Neues aufzubrechen. Bleib nicht an einem Ort siedeln, der nicht Gottes Zielvorgabe für dich ist. Denn du solltest nicht zu denen gehören, die am Ende ihres Lebens über die nicht gewagten Träume ihres Lebens in großes Jammern und Bedauern ausbrechen.

Das Beste ist: Du kannst die Träume Gottes in deinem Leben jederzeit wieder aufgreifen, „aktivieren" und neu zum Leben bringen. Du kannst jederzeit neu aufbrechen, egal, wo du gerade bist. Der Herr wartet nur auf dich!

Und die Schrift wurde erfüllt, welche sagt: Abraham aber ***glaubte Gott****, und es wurde ihm zur Gerechtigkeit gerechnet, und er wurde* ***Freund Gottes*** *genannt.*
Jakobus 2,23

Jesus aber sprach zu ihm: Niemand, der seine Hand an den Pflug gelegt hat und zurückblickt, ist tauglich für das Reich Gottes.
Lukas 9,62

Brüder, ich denke von mir selbst nicht, es ergriffen zu haben; eines aber tue ich: Ich vergesse, was dahinten, ***strecke mich aber aus nach dem, was vorn ist****, und jage auf das Ziel zu, hin zu dem Kampfpreis der Berufung Gottes nach oben in Christus Jesus.*
Philipper 3,13-14

Wenn er sich zurückzieht, wird meine Seele kein Wohlgefallen an ihm haben. Wir aber sind nicht von denen, die zurückweichen zum Verderben, sondern von denen, die ***glauben zur Gewinnung des Lebens****.*
Hebräer 10,38-39

Trainingsprogramm

Wenn du auf die Vergangenheit deines Lebens schaust, dann empfindest du vielleicht ein paar „Unregelmäßigkeiten". Vielleicht sagst du dir, dass du einige „seltsame Sachen" erlebt hast. Manches war sonderbar oder sogar unerklärlich. Wenn es dir so geht, möchte ich dir von ganzem Herzen zusprechen:

Zustande kommen die Pläne des Herrn!
Sprüche 19,21

All das war und ist ein maßgeschneidertes und zugeschnittenes Trainingsprogramm für dich. Vielleicht fühlte es sich nicht so an, vielleicht war manches unangenehm, herausfordernd oder schmerzhaft, aber der Herr hat dich bis zu dem Punkt, an dem du heute stehst, geführt und Er möchte Seine Pläne für dein Leben weiter hervorbringen. Denke beispielsweise an einen Sportler, einen Rennläufer. Der Läufer muss trainieren, damit er auf dem Siegertreppchen stehen wird. Der Trainer sagt, was der Läufer tun muss, er gestaltet den Trainingsplan, er sagt, wie die Ernährung auszusehen hat, der Tagesrhythmus wird von ihm geplant, usw. Manches ist dem Läufer vermutlich nicht angenehm und doch weiß er, dass es um etwas Größeres geht, etwas, was er erreichen will und nach dem er sich in all den Mühen, bis über die Schmerzgrenze hinweg, ausstreckt.

So ist es mit den meisten Herausforderungen unseres Lebens – es ist ein Trainieren. Auch Paulus sagt, dass wir laufen und darauf achten sollen, dass wir am Ziel ankommen. Es liegt eine sehr große Gefahr darin zu sagen: „Brauch ich nicht, mag ich nicht, will ich nicht!" Denn das Dranbleiben, das Trainieren und das Wachsen im Glauben gehören untrennbar zusammen.

Wisst ihr nicht, dass die, welche in der Rennbahn laufen, zwar alle laufen, aber einer den Preis empfängt? ***Lauft so, dass ihr ihn erlangt!*** *Jeder aber, der kämpft, ist enthaltsam in allem; jene freilich, damit sie einen vergänglichen Siegeskranz empfangen, wir aber einen unvergänglichen.*
1.Korinther 9,24-25

Brüder, ich denke von mir selbst nicht, es ergriffen zu haben; eines aber tue ich: Ich vergesse, was dahinten, strecke mich aber aus nach dem, was vorn ist, und ***jage auf das Ziel zu****, hin zu dem Kampfpreis der Berufung Gottes nach oben in Christus Jesus.*
Philipper 3,13-14

Der Lauf hat dabei ganz verschiedene Etappen und vielleicht stehst du vor einer neuen, noch nicht gelaufenen und dir von daher nicht bekannten Wegstrecke. Jetzt gilt es, nicht zu verzagen, sondern mutig weiterzulaufen. Hast du in den hinter dir liegenden Streckenabschnitten nicht schon einige Siege eingefahren? Warum sollte dieser neue Abschnitt nicht auch davon geprägt sein? In der Bibel heißt es, dass der Herr für uns ist. Wenn Er für dich ist, wer oder was sollte dann gegen dich sein können?

Wenn Gott für uns ist, wer ist gegen uns? *Er, der doch seinen eigenen Sohn nicht verschont, sondern ihn für uns alle hingegeben hat –* ***wie wird er uns mit ihm nicht auch alles schenken?*** *Wer wird gegen Gottes Auserwählte Anklage erheben? Gott ist es, der rechtfertigt. Wer ist, der verdamme? Christus Jesus ist es, der gestorben, ja noch mehr, der auferweckt, der auch zur Rechten Gottes ist, der sich auch für uns verwendet. Wer wird uns scheiden von der Liebe Christi? Bedrängnis oder*

Angst oder Verfolgung oder Hungersnot oder Blöße oder Gefahr oder Schwert? ... Denn ich bin überzeugt, dass weder Tod noch Leben, weder Engel noch Gewalten, weder Gegenwärtiges noch Zukünftiges, noch Mächte, weder Höhe noch Tiefe, noch irgendein anderes Geschöpf uns wird scheiden können von der Liebe Gottes, die in Christus Jesus ist, unserem Herrn.
Römer 8,31-39

Proklamiere doch einfach Folgendes über deinem Leben:

Lieber himmlischer Vater, ich danke dir, dass du mich in Deiner Weisheit trainierst, damit ich meinen Lauf siegreich laufen werde.
Nichts kann mich von Dir und Deiner Liebe trennen.
Ich weiß, dass Du mich führst. Ich entscheide mich, nicht zurückzuweichen.
Ich weiß, dass Du einen Weg für mich hast, auf dem ich gehen kann.
Du hast eine Bestimmung für mein Leben und in genau diese werde ich hineinkommen!

Unterlegen oder siegreich?

Gott sagt, dass David ein Mann nach Seinem Herzen war.
Er berief ihn schon als ganz jungen Mann und ließ ihn als zukünftigen König Seines Volkes salben. Auf seinem Leben lag eine gewaltige Berufung. Und doch begegnen uns in Davids Lebensgeschichte zahlreiche Probleme, Schicksalsschläge und sogar einige katastrophale Situationen, die seiner Berufung und

Bestimmung anscheinend völlig widersprachen, ja, sie eigentlich sogar scheinbar unmöglich machten.

Dazu einige Beispiele aus dem Leben Davids:

- Er wurde von seinem eigenen Vater übersehen, als es um die Berufung zum König ging.
- Nachdem er gesalbt worden war, schickte man ihn wieder zurück zu den Schafen.
- Seine leiblichen Brüder verlachten ihn, als er sich zum Kampf gegen Goliath positionierte.
- Er wurde an den Königshof gerufen, aber genau von dem Mann attackiert und bedroht, für den er eigentlich eine Hilfe sein sollte.
- Sein Volk wollte ihn ausliefern.
- Seine eigenen Kämpfer waren Verbrecher, Verlierer, Nobodys.
- Er verlor seinen besten Freund.
- Sein eigener Sohn trachtete ihm nach dem Leben.

Was war das Geheimnis, dass er in alledem ein Mann nach dem Herzen Gottes blieb?

Einmal steckte er in einer ganz und gar ausweglosen Situation fest. Seine eigenen Leute wollten ihn steinigen. Es heißt in 1. Samuel 30:

Und David war in großer Bedrängnis …

Was tat er unter dieser extremen Belastung? Die Bibel berichtet uns:

Aber David stärkte sich in dem Herrn, seinem Gott!
1.Samuel 30,6

Er schaffte es, in den vielen Problemen, denen er während seines Lebens ausgeliefert war, den richtigen Fokus zu behalten. Er machte in seinem Herzen Raum für die Verheißungen Gottes. Er glaubte diesen Zusagen mehr als den Umständen, in denen er sich im Augenblick befand.

Wir sollen es genauso machen wie David. In unseren Umständen müssen wir zuerst den Herrn suchen, mit Ihm sprechen und Ihn durch Seinen Heiligen Geist um Rat und Leitung bitten. Ganz praktisch. Vertraue Ihm inmitten deiner Herausforderungen. Auch wenn die Dinge derzeit nicht so aussehen, als ob es eine Veränderung geben könnte. Auch wenn es genau das Gegenteil von dem ist, was du empfindest: Vertraue Jesus! Er wird dich nicht verlassen noch versäumen!

Ich habe David gefunden, den Sohn Isais, ***einen Mann nach meinem Herzen****, der meinen ganzen Willen tun wird.*
Apostelgeschichte 13,22

An dem Tag, da ich mich fürchte – ich, ***ich vertraue auf dich****.*
Psalm 56,4

An dem Tag, da ich rief, antwortetest du mir. Du vermehrtest mir in meiner Seele die Kraft.
Psalm 138,3

Wenn die Stützräder abgeschraubt werden

Jemand sagte zu mir: „In meinem Leben ist so viel schiefgelaufen. Ich hatte erwartet, dass sich alles ganz anders entwickelt. Es kam nicht so, wie ich es dachte. Jetzt habe ich Schwierigkeiten damit, Gott zu vertrauen."

Als ich über diese Aussage nachdachte und betete, kam mir ein kleines, praktisches Beispiel in den Sinn, als unsere Kinder vor vielen Jahren Fahrradfahren gelernt haben. Sie bekamen damals ein Fahrrad geschenkt. Neu, bunt und schön. Alles war dran, auch die Stützräder. Doch auf Dauer bieten Stützräder falsche Sicherheit und verhindern, dass man wirklich richtig fahren lernt. Deshalb wurden sie nach einiger Zeit abgeschraubt. Das Geschrei war groß, denn die Kids stellten fest, dass das Fahrradfahren jetzt eine wirklich wackelige Angelegenheit war.

Also sagte der Papa: „Du setzt dich auf das Rad und ich halte dich. Und dann fährst du los." „Nein, dann fall ich doch um", kam die empörte Antwort. „Aber nein, mein Kind, ich halte dich hinten am Sattel fest und du kannst meine Hand spüren. Ich lass nicht los."
Dann wurde geübt. Und schon bald ging es mit dem Fahren besser. Ab und zu kam noch die bange Frage: „Papa, bist du noch da?" Und immer die gleiche Antwort: „Natürlich, du spürst doch meine Hand!"

Befindest du dich im Moment in einer Situation, in der du denkst, dass du nicht vertrauen kannst? Hat man dir die falschen Sicherheiten – die Stützräder – weggenommen?
Dann möchte ich dich ermutigen:

- Der himmlische Vater hält dein Leben fest.
- Du kannst Ihm vertrauen.
- Er will, dass du lernst in Neues hineinzugehen – mit Ihm.
- Seine Gnade fasst nach dir, streckt sich aus nach dir und hält dich.
- Du hörst Seine Stimme und Er antwortet dir.

*Ich will mein **Vertrauen** auf ihn setzen.*
Hebräer 2,13

*Werft nun eure **Zuversicht** nicht weg, die eine große Belohnung hat.*
Hebräer 10,35

*Mein Gott ist mein Hort, bei dem ich **Zuflucht** suche, mein Schild und das Horn meines Heils, meine hohe Feste und meine **Zuflucht**. Mein **Retter**, vor Gewalttat rettest du mich!*
2.Samuel 22,3

Deine Zeit wird kommen

Hast du eine Verheißung Gottes in deinem Herzen? Etwas, was der Heilige Geist dir für dein Leben zugesagt hat? Vielleicht ein Bibelwort, ein Rhema-Wort aus einer Predigt oder eine prophetische Zusage? Hältst du jeden Tag danach Ausschau und fragst dich, warum es noch nicht in Erfüllung gekommen ist? Oder hast du vielleicht schon aufgegeben?

Ich möchte dich an die Geschichte von Simeon[15] erinnern.

Simeon – sein Name ist abgeleitet von dem hebräischen Wort für ‚die Erhörung' – war ein gerechter Mensch, so beschreibt ihn die Bibel. Aufrichtig, treu, geradlinig. Er war in seinem Leben mit Gott unterwegs. Hingegeben an Gott, der sein Maßstab war, und der Heilige Geist „ruhte" auf ihm. Und so hatte der Herr ihm die Zusage gegeben, dass er nicht sterben würde, bevor er den Messias gesehen hätte.

Die Jahre vergingen. Simeon wartete. Wartest du auch auf die Erfüllung einer Verheißung, eines bestimmten prophetischen Wortes? Werde nicht ungeduldig, Gott weiß um deine Sache. Er ist Seinen Verheißungen treu. Auch bei Simeon erfüllte Gott die Verheißung, nach der er sich gesehnt hatte. Der Tag kam, als er vom Heiligen Geist in den Tempel geführt wurde und dort offenbarte ihm Gott, dass das Kind, das Josef und Maria in den Tempel gebracht hatten, der Retter sei, der Messias. Simeon nahm den nur 8 Tage alten Säugling in seine Arme und dankte Gott:

Nun, Herr, entlässt du deinen Knecht nach deinem Wort in Frieden; denn ***meine Augen haben dein Heil gesehen****, das du bereitet hast.*
Lukas 2,29-30

In den Psalmen lesen wir ganz ähnlich:

Meine Augen sehnen sich nach ***deinem Heil*** *…*
Psalm 119,123

15 Lukas 2,25-35

Bleib an dem dran, was der Herr dir ins Herz gegeben und anvertraut hat. Schaue auf zu Dem, der deinen Glauben begonnen hat. Er wird es zu einem guten Ende führen und dafür sorgen, dass Seine Verheißungen in deinem Leben immer mehr und mehr zur Realität werden. Dranbleiben müssen wir trainieren, es fällt uns nicht so einfach zu. Das Training ist wichtig, damit wir das Ziel fest im Auge behalten und uns darauf vorbereiten können. Geduld und Ausdauer im Glauben an Jesus Christus, den Anfänger und Vollender unseres Glaubens, werden uns zum Ziel bringen.

Die Weissagung wird ja noch erfüllt werden zu ihrer Zeit *und wird endlich frei an den Tag kommen und nicht trügen. Wenn sie sich auch hinzieht, so harre ihrer; sie wird gewiss kommen und nicht ausbleiben.*
Habakuk 2,3

Ich habe ***auf dein Heil gewartet*** *… und deine Gebote habe ich erfüllt.*
Psalm 119,166

Der Glaubensheld

Langsam rieselte der Sand durch meine Hände. Tausende und Abertausende von Sandkörnern – einfach nicht zu zählen. Als ich sie betrachtete, fiel mir einer ein, der zu den großen Vorbildern unseres Glaubens gehört: Abraham! Wie oft hatte ich diese Geschichte schon gehört und gelesen. Der Mann mit der Verheißung, dass aus ihm ein Volk hervorgehen würde, so groß *„wie die Sandkörner am Meer, die man unmöglich zählen kann"*.[16]

Die Verheißung, so groß und unermesslich wie tausende Sandkörner – nicht zu fassen. Und dennoch war in seinem Leben so lange, so entsetzlich lange, nichts davon zu sehen – alles blieb, wie es immer war. Es schien so unmöglich. Aber der Glaubensheld, wie er uns beschrieben wird, glaubte, entgegen jedem menschlichen Denken und Empfinden, dass Gott Sein gegebenes Versprechen unbedingt einhalten würde.

Abraham war nicht der Einzige, der im Glauben vorwärtsging. Die beiden entscheidenden Worte: *„Durch Glauben …"* lesen wir im 11. Kapitel des Hebräerbriefes 21-mal. Danach folgt eine Aufzählung der erstaunlichsten Dinge, die andere Glaubenshelden errungen haben: Glaube, der Kraft gibt auszuhalten, auf Gott zu vertrauen, der Mauern zum Einstürzen bringt, der in Schwachheit Kraft gibt, durch den wir im Kampf stark werden, der des Löwen Rachen verstopft und die Furcht vertreibt, der feindliche Heere zurücktreibt und uns nicht zurückweichen lässt. Der Glaube, der sich nach dem ausstreckt, was Gott verheißen hat, obwohl es noch nicht zu sehen ist und vieles mehr.

16 Hebräer 11,12

Ich kenne die Herausforderung sehr gut, etwas von Gott zu erbitten, Seine Zusage zu erhalten und dann im Glauben stehen zu bleiben, obwohl von alldem, was der Herr verheißen hat, nicht das Geringste zu sehen ist. Das Ausstrecken scheint einen zermürben zu wollen und der feind lässt sich viele geschickte Gedanken und Attacken einfallen, um uns dazu zu bringen, das, was wir empfangen haben, fallenzulassen. Bis ins kleinste Detail versucht er uns davon zu überzeugen, wie unmöglich die Situation doch ist und dass wir nichts von Gott zu erwarten hätten.
Aber, lass dich nicht davon beeindrucken. Der Gott, der bei Sarah und Abraham ein übernatürliches Wunder tat, kann es genauso auch heute in deinem Leben tun. Gott ist unwandelbar. Er ist der Gleiche – gestern, heute und für immer! Seine Zusagen hält Er gewiss und sie kommen zustande.

Lauf weiter, halte an der Verheißung fest, bleibe im Gespräch mit Gott. Er ist an deiner Seite.

Da wir von so vielen Zeugen umgeben sind, die ein Leben durch den Glauben geführt haben, wollen wir ***jede Last ablegen, die uns behindert****, besonders die Sünde, in die wir uns so leicht verstricken, und mit Ausdauer laufen den vor uns liegenden Wettlauf. Indem wir hinschauen auf Jesus, den Anfänger und Vollender des Glaubens!*
Hebräer 12,1-2 – Neues Leben

Zieh etwas Neues an

Wir alle treffen an jedem Morgen eine ganz normale Entscheidung. Wir stehen auf und ziehen uns an. Das ist völlig selbstverständlich, nichts Erwähnenswertes oder Ungewöhnliches. Doch kleinen Kindern muss man erst mühsam beibringen, wie sie sich richtig an- und ausziehen; für manche Eltern ein etwas anstrengender Prozess in der Erziehung.

Wenn wir etwas Bestimmtes vorhaben, wie beispielsweise Gartenarbeit, Bergwandern oder Schwimmen, dann nutzen wir dazu bestimmte Kleidung. Gehen wir zu einem festlichen Anlass, ziehen wir uns völlig anders, nämlich dazu passend, an.

So wie das Anziehen für uns im Natürlichen ganz selbstverständlich ein Teil unseres Lebens wird, so sollte es auch im geistlichen Bereich sein. Da finden wir manche Ähnlichkeiten, die uns helfen, geistliche Wahrheiten richtig zu verstehen.

Denn auch die Bibel spricht oft von Kleidern. Wir lesen beispielsweise von der detailgetreuen Beschreibung der priesterlichen Gewänder. Aber mir geht es hier um geistliche Zusammenhänge. Sie spricht davon, dass wir bestimmte Dinge in unserem Leben „ablegen" müssen und andere „anlegen" – genauso, wie wir Kleidung ab- oder anlegen. Das Ablegen von negativen Dingen heißt so viel wie: zurückweisen, verwerfen, nicht anerkennen, hinauswerfen. Und das Anziehen der guten und heilsamen Dinge, die Gott uns anbietet, bedeutet so viel wie: wünschenswert, wertvoll, kostbar, begehrenswert. Das ist etwas, was wir selbst ganz aktiv zu tun haben und was niemand anderes für uns erledigt – auch nicht der Herr. Nur wir allein können das für uns tun.

Wir lesen im Brief an die Kolosser von den negativen Dingen, die wir nicht in unserem Leben dulden, sondern sie ablegen sollten.

Legt ab …
Jetzt aber legt auch ihr das alles ab: Zorn, Wut, Bosheit, Lästerung, schändliches Reden aus eurem Mund.
Kolosser 3,8

Zieht an …
Zieht nun an als Auserwählte Gottes, als Heilige und Geliebte: herzliches Erbarmen, Güte, Demut, Milde, Langmut.
Kolosser 3,12

Über alles aber zieht an …
Zu diesem allen aber zieht die Liebe an, die das Band der Vollkommenheit ist.
Kolosser 3,14

Zieht die ganze Waffenrüstung an …
Zieht die ganze Waffenrüstung Gottes an, damit ihr gegen die Listen des Teufels bestehen könnt.
Epheser 6,11

Kein altes Kleid mit neuen Flicken
Niemand aber setzt einen Flicken von neuem Tuch auf ein altes Gewand; denn das Eingesetzte reißt von dem Gewand ab, und der Riss wird schlimmer.
Matthäus 9,16; Markus 2,21

Wenn du diese Verse in der Bibel nachliest, dann wird dir sehr deutlich, wozu der Herr uns auffordert. Eine der schönsten Bibelstellen, die das Anlegen neuer Kleider durch den Herrn deutlich macht, ist folgende:

Und der Engel antwortete und sprach zu denen, die vor ihm standen: Nehmt ihm die ***schmutzigen Kleider*** *ab! Und zu ihm sprach er: Siehe, ich habe deine Schuld von dir weggenommen und bekleide dich mit* ***Feierkleidern****.*
Sacharja 3,4

Freuen, ja, freuen will ich mich in dem HERRN! Jubeln soll meine Seele in meinem Gott! Denn er hat mich ***bekleidet mit Kleidern des Heils****, den Mantel der Gerechtigkeit mir umgetan, wie der Bräutigam sich nach Priesterart mit dem Kopfschmuck und wie die Braut sich mit ihrem Geschmeide schmückt.*
Jesaja 61,10

Was er euch sagt, das tut

Kürzlich wurde ich mitten in einem Gespräch an einen Satz erinnert: „*Was immer er euch sagt, das tut!*" Erst später fiel mir ein, dass es dieser Satz war, der den Weg für das erste Wunder Jesu bahnte. Maria sagte ihn auf der Hochzeitsfeier in Kana in einer etwas peinlichen Situation. Durch diesen Satz wurde Erstaunliches freigesetzt.

Diesen Anfang der Zeichen machte Jesus zu Kana in Galiläa und offenbarte seine Herrlichkeit; und seine Jünger glaubten an ihn.
Johannes 2,11

Viele Menschen fragen sich immer wieder, was sie eigentlich tun sollen. Sie wollen den Willen Gottes tun, merken aber, dass sie durch falsche Entscheidungen, falsches Denken, ihr eigenes Ego, andere Menschen mit deren Erwartungen oder was auch immer blockiert werden. Sie wissen einfach nicht, was sie tun sollen, was für sie dran ist. Manche vernehmen zwar die leise Stimme des Heiligen Geistes, drängen sie aber durch ihre eigenen Gedanken und Pläne immer wieder in den Hintergrund.

Manchmal kostet es Zeit, Geduld und Dranbleiben, um das zu hören, was der Herr sagt.
Das war auch die Situation, in der sich die Diener bei der Hochzeitsfeier in Kana befanden.[17] Sie warteten, wussten nicht, was zu tun ist in dieser Situation. Dann kam die Anweisung Jesu: „Füllt die Krüge mit Wasser!" Welch eine Herausforderung für die Diener, die doch Wein ausschenken sollten. Aber sie hörten, waren gehorsam – und das Wunder geschah.

Und hier ist auch der Schlüssel für uns. In Situationen und Umständen, die wir nicht gleich übersehen oder in denen uns einfach die Strategie für den nächsten Schritt fehlt, hören wir, was der Heilige Geist uns sagt – und tun es! Auch die Diener der Hochzeitsfeier mussten eine Entscheidung treffen. „Was immer er euch sagt, das tut!" Das war in Marias Herzen eine tiefe Gewissheit, dass Jesus einen Weg wissen würde, den niemand kannte. Er weiß auch einen guten – einen besten – Weg für dich. Und denke daran: Der beste Wein kam zum Schluss der Feier!

Seine Mutter spricht zu den Dienern: ***Was er euch sagen mag, tut!***
Johannes 2,5

---

17 Johannes 2,1-11

Auf, ihr Durstigen, alle, kommt zum ***Wasser!*** *Und die ihr kein Geld habt, kommt, kauft und esst! Ja, kommt, kauft ohne Geld und ohne Kaufpreis* ***Wein*** *und Milch!*
Jesaja 55,1

Benutze deinen Schild

Die Bibel spricht immer wieder vom Glaubenskampf, der uns verordnet ist. Paulus sagt, dass es ein ‚guter Kampf' ist. Wie sieht es in deinem Leben aus? Hast du eher den Eindruck, dass die Umstände dich in den Rückzug treiben? Bist du durch all die Herausforderungen und Probleme niedergeschlagen, vielleicht sogar besiegt? Haben die feindlichen Pfeile dich erwischt?

In der Bibel wird unser Glaube als ein Schutzschild beschrieben. Wir müssen inmitten des Kampfes, in dem wir stehen, unseren Glauben also ganz gezielt als Schild und Schutz einsetzen. Inmitten unserer Umstände und unserer Bedrängnis sollten wir immer mehr lernen, Glauben zu erheben und ihn bewusst benutzen, um vor den Pfeilen des feindlichen Angriffes bewahrt zu werden. Ohne diesen Glaubensschild sind wir den feindlichen Attacken fast schutzlos ausgeliefert.

Die Bibel fordert uns auf, diesen Schild des Glaubens zu ergreifen. Das heißt, dass dies etwas ist, was wir tatsächlich selbst tun müssen. Ganz bewusst, ganz konzentriert. Wir sind es, die den Schild ergreifen und einsetzen, das geschieht nicht automatisch:

Bei alledem ***ergreift den Schild des Glaubens****, mit dem ihr alle feurigen Pfeile des Bösen auslöschen könnt!*
Epheser 6,16

Du und ich sollen nicht auf dem Schlachtfeld der Angriffe unseres Lebens irgendwo auf dem Boden der Niederlage entmutigt hocken bleiben, sondern entschlossen vorangehen, den guten Kampf des Glaubens kämpfen und letztlich die Oberhand gewinnen. Der Herr hat uns dazu mit allem, was notwendig ist, ausgestattet – einer kompletten Waffenrüstung – so dass wir sie einschließlich unseres wichtigen Glaubensschilds tatsächlich effektiv nutzen und dadurch siegreich sein können. Preis den Herrn, Er hat überwunden und Er hat den Sieg!

Denn du segnest den Gerechten, wie mit einem ***Schild*** *umringst du ihn mit Huld!*
Psalm 5,13

Du aber, Herr, bist ein ***Schild*** *um mich her!*
Psalm 3,4

Kämpfe den guten Kampf des Glaubens.
1.Timotheus 6,12

Kennst du Ihn?

Die Bibel berichtet uns, wer Jesus ist. Sie umschreibt Ihn und zeigt uns zahlreiche Facetten Seiner Person. Ich habe einige davon für dich zusammengetragen. Sie können dir helfen, deinen Blick ganz neu auf Jesus zu richten. Ihn immer mehr kennenzulernen ist das Beste und Wichtigste, was du in deinem Leben tun kannst.

Einige Beschreibungen, mit denen die Bibel uns Jesus vorstellt:

- das Alpha und das Omega
- der Anfang und das Ende
- der Anfänger und Vollender des Glaubens
- der war, der ist und der kommt
- der helle Morgenstern
- der wunderbare Ratgeber
- der Fürst des Friedens
- der Weg, die Wahrheit und das Leben
- der gute Hirte
- die Tür
- der Retter
- das Brot des Lebens
- der Herr der Herren
- der König der Könige
- Immanuel – Gott ist mit uns

und vieles mehr.

Über Ihn nachzudenken wird dich mehr und mehr in die Anbetung führen. Es wird dein Leben bereichern und deine Beziehung zu Ihm tiefer werden lassen.
Wenn nicht jetzt, wann dann?

***Ich bin** der Weg und die Wahrheit und **das Leben**. Niemand kommt zum Vater als nur durch mich.*
Johannes 14,6

99 Prozent meines Lebens

Jemand sagte zu mir: „Ich weiß nicht, was in meinem Leben los ist. Eigentlich habe ich den Eindruck, dass ich das mit dem Glauben und meinem Leben mit Jesus richtig mache. Ich halte die Gebote, ich glaube, ich versuche richtig zu leben … und 99 Prozent meines Lebens habe ich ja auch an Jesus abgegeben."

Und dann fuhr die Person fort: „Da gibt es halt diesen einen Bereich, den ich einfach nicht abgeben kann. Ich habe das Gefühl, dass ich dann gar nichts mehr habe, über das ich alleine bestimmen kann. Hauptsache, die meisten Dinge sind in Ordnung, ich mache ja ansonsten alles, was in der Bibel steht!"

Als ich das so hörte, fiel mir die Begebenheit aus dem Neuen Testament ein, in der ein führender Mann des jüdischen Volkes zu Jesus kam und Ihm eine ernsthafte Frage stellte:

Und als er auf den Weg hinausging, lief einer herbei, fiel vor ihm auf die Knie und fragte ihn: Guter Lehrer, was soll ich tun, damit ich ewiges Leben erbe? … Er aber sagte zu ihm: Lehrer, dies alles habe ich befolgt von meiner Jugend an.
Markus 10,17+20

Jesus schaute ihn an und erwiderte:

Eins fehlt dir. Geh hin, verkaufe ***alles****, was du hast, und gib den Erlös den Armen, und du wirst einen Schatz im Himmel haben, und komm, folge mir nach!*
Markus 10,21

Als der Mann das hörte, wurde er traurig und ging weg, denn er war sehr reich. Der entscheidende Punkt in seinem Leben war der Reichtum und er konnte sich nicht vorstellen, wie er ohne diesen weiterleben sollte. Es war seine Sicherheit. Es war der Prozentbetrag seines Lebens, den er für sich behalten wollte.

An was hast du dein Herz gehängt? Was gibt dir Sicherheit? Wieviel Prozent deines Lebens hältst du noch fest? Jeder von uns muss sich ab und zu prüfen, was es in unserem Leben gibt, was nicht unter die Herrschaft Jesu gestellt wurde, was uns so wichtig ist, dass wir es festhalten oder es uns immer wieder zurückholen.

Zögere nicht, auch das letzte „eine Prozent" heute ganz neu dem Herrn zu unterstellen. Es ist das Beste, was du tun kannst, doch Er wird dich nicht drängen und dich nicht dazu zwingen. Es bleibt deine ureigene Entscheidung.

Sammelt euch aber Schätze im Himmel … Denn ***wo dein Schatz ist, da wird auch dein Herz sein****.*
Matthäus 6,20-21

Und ein jeder, der Häuser oder Brüder oder Schwestern oder Vater oder Mutter oder Kinder oder Äcker um meines Namens willen verlassen hat, wird ***hundertfach empfangen*** *und ewiges Leben erben.*
Matthäus 19,29

Die beiden Königssöhne

Wenn ich jetzt langsam zum Schluss dieses Buches komme, möchte ich dir gerne eine Geschichte erzählen.

Vor vielen Jahren lebte einmal ein König in einem großen Schloss mit hohen Türmen und hellen Fenstern. Das Schönste des Schlosses aber war der prächtige Festsaal – die Königshalle. Mehrere tausend Gäste hatten darin Platz, wenn der König ein Fest feierte.

Der König hatte zwei Söhne. Eines Tages rief er sie zu sich und sprach zu ihnen:

„Meine lieben Kinder. Ich bin nun alt geworden und werde nicht mehr lange leben. Einer von euch soll nach mir König sein und das Land regieren. Nun habe ich euch beide lieb und weiß nicht, wem ich den Königsthron und das Land geben soll. Deshalb sollt ihr eine Aufgabe lösen. Wem das am besten gelingt, der soll nach mir König sein!"

Die beiden Söhne waren einverstanden und fragten:

„Vater, was sollen wir tun?"

Da sprach der König:

„Ich gebe jedem von euch ein Goldstück. Kauft davon etwas, was die große Königshalle bis unter das Dach ausfüllt. Nicht ein einziger Winkel darf frei bleiben! Und – was ihr kauft, muss an einem einzigen Tag in die Königshalle hineingetragen werden. Geht nun und wählt gut!"

Die beiden Königssöhne gingen davon und überlegten.

Der eine Sohn wanderte durch Städte und Dörfer und suchte nach dem, womit er die große Königshalle würde ausfüllen können. So kam er zu einem Bauern. Der hatte große Scheunen voller Stroh. Der Königssohn sah, dass der Bauer das Stroh für wenig Geld verkaufte. Da freute sich der Königssohn und dachte bei sich:

„Ich weiß, was ich tue! Mit diesem Stroh fülle ich die Königshalle des Vaters, und dann werde ich König sein!"

So kaufte er dem Bauern das Stroh ab und ließ es auf riesige Wagen laden und zum Schloss bringen. Vom Morgen bis zum Abend trug er das Stroh in die Königshalle hinein. Doch als es dunkel wurde, war die Halle noch nicht einmal halb gefüllt.
Traurig ging der Königssohn davon.

Der König aber und seine Minister warteten nun gespannt auf den anderen Sohn, der ebenfalls ausgezogen war.

„Wird er die Halle ausfüllen können?", fragten sie sich. „Und womit wird er es tun?"

Als drei Tage vergangen waren, kam der andere Sohn ins Schloss zurück. Er hatte nur eine größere Holzkiste bei sich. Er trug sie in die Halle und verschloss die Tür. Als er nachgesehen hatte, dass er allein war, öffnete er die Kiste. Es waren sehr viele kleine, handtellergroße Gefäße darin, die er für sein Goldstück gekauft hatte. Er stellte sie überall in der großen Halle auf.

Als die Sonne untergegangen war, ging der Königssohn zu seinem Vater und sagte:

„Ich habe die Aufgabe gelöst. Komm, und sieh!"

Draußen war es dunkel. Der König und seine Minister gingen zur Königshalle. Als sie die Tür öffneten, blieben sie überrascht stehen: Helles Licht strahlte ihnen entgegen! Die vielen kleinen Gefäße waren Öllampen, die bis unter das Dach und in die finstersten Winkel hinein leuchteten.

Die große Halle war voller Licht!

Da legte der König seinem Sohn beide Hände auf die Schultern und sprach:

„Mein Sohn, du hast klug gewählt und die Aufgabe zu meiner Zufriedenheit gelöst. Darum sollst du nach mir König sein!"

Die Minister verneigten sich und riefen:

„Ja, er soll der neue König sein!"

Da freute sich der Königssohn und seine Augen strahlten wie das Licht!

Diese Geschichte hat mich einst als Kind sehr beeindruckt. Ich glaube, es steckt viel Weisheit darin. Jesaja schreibt:

Finsternis bedeckt die Erde und Dunkel die Völker.
Jesaja 60,2

Das stimmt. Bis heute kennen wir diese Finsternis in unserem Leben. Zum Beispiel die immer länger werdenden Schatten über einer zerfallenden Beziehung. Die Bedrängnis einer Krankheit. Die dunklen Wolken über dem Verlust eines Menschen oder der wirtschaftlichen Existenz. Die Schatten der Vergangenheit, des Versagens, der Schuld, die uns immer wieder einzuholen versuchen.

Finsternis ist nichts Schönes und kein angenehmes Gefühl. Wir Menschen sind nicht für die Finsternis geschaffen, sondern tragen eine tiefe Sehnsucht nach dem Licht in uns.

Damals bei Jesaja versprach Gott mit einem „Aber", diese Dunkelheit entscheidend zu verändern:

Aber *über dir strahlt der Herr auf, und seine Herrlichkeit erscheint über dir!*
Jesaja 60,2

Das Licht – Jesus selbst – vertreibt alle Finsternis. Der Raum unseres Herzens, unseres inwendigen Menschens, wird mit Ihm bis in den letzten Winkel erhellt.

Als Jesus am Kreuz starb und der teufel seinen vermeintlichen Sieg feierte, wurde es mitten am Tag stockfinster. Aber im hellen Licht des frühen Ostermorgens überflutete die Auferstehungskraft Gottes das Land.

Jesus ist es, der dem Sturm, den dunklen Wolken, den tobenden Wellen gebietet – und sie müssen still werden und vor Ihm und Seinem Licht fliehen. Es gilt:

Es wird nicht dunkel bleiben über denen, die in Angst sind!
Jesaja 8,23

Der feind versucht immer, uns in den Bereich der Dunkelheit zu ziehen. Dunkelheit macht Angst, macht unsicher, verwirrt und schläfert ein. Aber Gott hat einen Weg:

Es wird nicht dunkel bleiben über …
- Krankheit
- Schmerzen
- Gebrechen
- Not
- Mangel
- Armut
- Enttäuschung
- Einsamkeit
- falschem Denken
- Zwanghaftigkeit
- Gebundenheit
- Sucht
- Depression
- schwierigen Beziehungen

oder was auch immer du hier für dich einsetzen möchtest.

Nimm dieses Wort als deine persönliche Verheißung, sprich es in dein Leben, dein Herz und deine Gedanken hinein. Es ist wie helles Licht, das in dein Leben scheint.

Es wird nicht dunkel bleiben, Gott will jeden Winkel deines Lebenshauses mit Seinem Licht erfüllen.
Sei dir sicher: Gott hat mehr für dich!

Ein Wort für dich ganz persönlich!

Ich habe kürzlich an einer Gebetskonferenz teilgenommen.
In einer Pause saß ich etwas abseits von den vielen sich eifrig austauschenden Menschen. Da kamen mir die Menschen in Erinnerung, die uns über unsere Webseite „Gottes Haus" angeschrieben hatten.
Menschen, die in schwierigen Umständen stehen, in Schmerzen und Krankheiten, in Beziehungsproblemen, auf Jobsuche.
Menschen, die unsere Ermutigungsclips anschauen und versuchen, diese Botschaften in ihren Alltag einzubauen, wieder aufzustehen, mutig weiterzugehen, zu kämpfen. Menschen, die uns ihre Gebetsanliegen zugesandt hatten.
Ich begann gerade dort, wo ich saß, für diese Menschen zu beten. Und ich fragte den Herrn: „Wie sollen sie wieder aufstehen? Wie überwinden? Wie wieder gesund werden?"

Und der Herr antwortete mir:

„Sag ihnen, dass Ich sie liebe!
Sag ihnen, dass Ich sie liebe!
Ich bin der Gott der Wiederherstellung.
Ich will ihnen begegnen, ihnen nahe sein.
Sie sollen nach Meiner Hand fassen.
Ich bin ihr Weg, ihre Wahrheit, ihr Leben!"

Dieses Wort gebe ich dir heute weiter und mein Gebet ist, dass du es für dich in deinem Herzen festhältst.

Vertraue Ihm dein Leben an. Denn eins ist ganz sicher:

Gott hat mehr für dich!

Anhang

Wer ich gemäß dem Neuen Testament bin

Diese wunderbare Zusammenstellung neutestamentlicher Kernaussagen zu unserer Position und Identität als wiedergeborene Christen stammt nicht von mir. Die Person, die es zusammengetragen hat, ist mir unbekannt, aber ich habe auf dem Herzen, dir diese Liste für dein persönliches Gebet weiterzugeben. Sie ist keinesfalls vollständig, aber sie zeigt dir, wie Gott über dich denkt und was Er über dich sagt.

Römer

Kapitel 1:

Ich bin ein Berufener.
Ich bin ein Heiliger.
Ich bin ein Geliebter Gottes.

Kapitel 5:

Ich bin gerechtfertigt aus Glauben.
Ich habe Frieden mit Gott.
Ich habe die Liebe Gottes in meinem Herzen.
Ich habe den Heiligen Geist.
Ich bin durch Sein Blut gerechtfertigt und werde nun vor dem Zorn gerettet.
Ich wurde mit Gott versöhnt durch den Tod Seines Sohnes.
Ich werde, da ich versöhnt bin, durch Sein Leben gerettet.
Ich habe die Versöhnung empfangen.
Ich herrsche im Leben.

Kapitel 6:

Ich bin der Sünde gestorben.
Ich bin auf Seinen Tod getauft.
Ich bin mit Ihm begraben worden durch die Taufe in den Tod.
Ich wandle in der Neuheit des Lebens.
Ich bin verwachsen mit der Gleichheit Seines Todes.
Ich werde auch verwachsen sein mit Seiner Auferstehung.

Mein alter Mensch wurde mitgekreuzigt, damit der Leib der Sünde abgetan sei, dass ich der Sünde nicht mehr diene.
Ich bin freigesprochen von der Sünde, weil ich gestorben bin.
Ich werde mit Christus leben, weil ich auch mit Ihm gestorben bin.
Ich halte mich der Sünde für tot, Gott aber lebend.
Ich bin nicht mehr unter der Herrschaft der Sünde, weil ich nicht mehr unter Gesetz, sondern unter Gnade bin.
Ich bin dem gehorsam, dem ich mich zur Verfügung stelle.
Ich war Sklave der Sünde, bin aber von Herzen gehorsam geworden.
Ich bin freigemacht von der Sünde, Sklave der Gerechtigkeit geworden.
Ich bin von der Sünde freigemacht und Gottes Sklave geworden, deshalb habe ich Frucht zur Heiligkeit, als Ende aber ewiges Leben.

Kapitel 7:

Ich bin dem Gesetz getötet worden durch den Leib Christi, um Jesu Eigentum zu werden, damit ich Gott Frucht bringe.
Ich bin von dem Gesetz losgemacht, da ich dem gestorben bin, worin ich festgehalten wurde, so dass ich dem Neuen Gesetz des Geistes diene und nicht in dem Alten des Buchstabens.

Kapitel 8:

Ich bin nicht mehr unter Verdammnis.
Ich bin durch das Gesetz des Geistes des Lebens in Christus Jesus freigemacht vom Gesetz der Sünde und des Todes.
Ich bin im Geist, weil Gottes Geist in mir wohnt.
Ich habe einen Leib, der tot ist wegen der Sünde, aber einen Geist des Lebens wegen der Gerechtigkeit.
Ich habe einen Geist in mir, der meinen sterblichen Leib lebendig machen wird.
Ich habe einen Geist der Sohnschaft empfangen, in dem ich rufe: „Abba, Vater!"
Ich bin ein Kind Gottes.
Ich bin ein Erbe Gottes und ein Miterbe Christi.
Ich bin auf Hoffnung hin errettet worden.
Ich weiß, dass denen, die Gott lieben, alle Dinge zum Guten mitwirken.
Ich bin erkannt, vorherbestimmt, berufen, gerechtfertigt und verherrlicht.
Ich bekomme von Gott alles geschenkt.

Ich bin in allem mehr als Überwinder durch den, der mich geliebt hat.
Ich kann durch niemanden und nichts von der Liebe Gottes geschieden werden.

1. Korinther

Kapitel 1:

Ich bin reich gemacht worden in allem Wort und aller Erkenntnis.
Ich habe an keiner Gnadengabe Mangel.
Ich werde von Gott gefestigt bis ans Ende.
Ich habe Weisheit, Gerechtigkeit, Heiligkeit und Erlösung.
Ich habe den Geist Gottes in mir, damit ich erkenne, welche Dinge mir von Gott geschenkt sind.
Ich habe Christi Sinn.
Ich bin Gottes Tempel und der Geist Gottes wohnt in mir.
Ich bin abgewaschen, geheiligt und gerechtfertigt.
Ich kann alles tun, aber nicht alles nützt mir.
Ich bin ein Glied Christi.
Ich bin ein Geist mit Gott.
Ich bin um einen Preis erkauft worden.
Ich habe einen Psalm, eine Lehre, eine Offenbarung, eine Sprachenrede, eine Auslegung, wenn ich mit den anderen zusammenkomme.
Ich habe den Sieg.

2. Korinther

Kapitel 1:

Ich werde von Gott in aller Bedrängnis getröstet.
Ich bin gefestigt und gesalbt.
Ich bin versiegelt und habe das Unterpfand des Geistes in meinem Herzen.
Ich stehe durch den Glauben.
Ich erkenne satans Gedanken.
Ich werde allzeit im Triumphzug umhergeführt und der Geruch Seiner Erkenntnis wird an jedem Ort durch mich offenbart.
Ich bin ein Wohlgeruch Christi unter denen, die errettet werden und unter denen, die verlorengehen.

Kapitel 3:

Ich bin ein Brief Christi, geschrieben mit dem Geist Christi.
Ich bin tüchtig gemacht.
Ich bin tüchtig gemacht zum Diener des neuen Bundes.
Ich schaue mit aufgedecktem Angesicht die Herrlichkeit des Herrn an und werde so verwandelt in dasselbe Bild, von Herrlichkeit zu Herrlichkeit.
Ich ermatte nicht, weil ich diesen Dienst habe, weil ich Erbarmen gefunden habe.

Kapitel 4:

Ich habe den Lichtglanz Christi in meinem Herzen.
Ich habe einen Schatz in einem irdenen Gefäß.
Ich bin bedrängt, aber nicht erdrückt. Wenn ich keinen Ausweg sehe, bin ich doch nicht ohne Ausweg. Ich bin verfolgt, aber nicht verlassen. Ich bin niedergeworfen, aber nicht vernichtet.
Ich werde ständig dem Tod überliefert, damit das Leben Jesu an meinem Leib offenbart werde.
Ich habe den Geist des Glaubens.
Ich ermatte nicht, weil mein innerer Mensch von Tag zu Tag erneuert wird.

Kapitel 5:

Ich habe ein Haus von Gott im Himmel.
Ich bin allezeit guten Mutes.
Ich wandle im Glauben, nicht im Schauen.
Ich habe die Liebe Christi in mir, die mich drängt.
Ich bin eine neue Schöpfung, das Alte ist vergangen, Neues ist geworden.
Ich bin versöhnt mit Gott.
Ich habe den Dienst der Versöhnung empfangen.
Ich bin ein Gesandter an Christi statt.
Ich bin die Gerechtigkeit Gottes, weil Gott Jesus für mich zur Sünde gemacht hat.

Kapitel 6:

Ich bin ein Tempel des lebendigen Gottes.
Ich bin mit Trost erfüllt, ich bin überreich an Freude bei all unserer Bedrängnis.

Kapitel 10:

Ich bin errettet, weil ich Jesus als Herrn bekenne und in meinem Herzen glaube, dass Gott Ihn aus den Toten auferweckt hat.
Ich werde nicht zuschanden, weil ich an Ihn glaube.
Ich bin errettet, weil ich den Namen des Herrn angerufen habe.

Kapitel 14:

Ich lebe und sterbe dem Herrn.

Galater

Kapitel 2:

Ich habe Freiheit.
Ich bin in Christus gerechtfertigt.
Ich bin durchs Gesetz dem Gesetz gestorben, damit ich Gott lebe.
Ich lebe nicht mehr, sondern Christus lebt in mir.

Kapitel 3:

Ich bin losgekauft vom Fluch des Gesetzes.
Ich bin nicht mehr unter einem Zuchtmeister.
Ich bin ein Sohn Gottes.
Ich habe Christus angezogen, weil ich auf Jesus getauft wurde.

Kapitel 4:

Ich bin ein Sohn Gottes, deshalb sandte Gott Seinen Geist in mein Herz, der ruft: Abba, Vater!
Ich bin nicht mehr Sklave, sondern Sohn und damit auch Erbe durch Gott.
Ich habe Gott erkannt, vielmehr ich bin von Gott erkannt worden.

Ich bin für die Freiheit freigemacht.
Ich bin zur Freiheit berufen worden.
Ich habe das Fleisch samt den Leidenschaften und Begierden gekreuzigt.

Epheser

Kapitel 1:

Ich bin gesegnet mit jeder geistlichen Segnung in der Himmelswelt.
Ich bin auserwählt.
Ich bin vorherbestimmt zur Sohnschaft durch Jesus Christus.
Ich bin begnadigt.
Ich habe die Erlösung durch Sein Blut, die Vergebung der Vergehungen.
Ich habe das Geheimnis Seines Willens erkannt.
Ich habe ein Erbteil erlangt, der ich vorherbestimmt war nach Seinem Willen.
Ich bin versiegelt worden mit dem Heiligen Geist der Verheißung.
Ich bin zu einer Hoffnung berufen.
Ich bin mit einem Erbe erfüllt.
Ich bin mit einer Kraft erfüllt, die an mir wirkt.

Kapitel 2:

Ich bin auferweckt worden, mit Christus lebendig gemacht.
Ich bin durch Gnade errettet.
Ich bin mit auferweckt und sitze mit in der Himmelswelt.
Ich bin Sein Gebilde, geschaffen zu guten Werken, die Gott vorher bereitet hat, damit ich in ihnen wandeln soll.
Ich bin, der ich einst fern war, durch das Blut nahe geworden.
Ich habe Frieden.
Ich habe Zugang zum Vater.
Ich bin Mitbürger der Heiligen und Gottes Hausgenosse.
Ich bin aufgebaut auf der Grundlage der Apostel und Propheten.
Ich werde mit aufgebaut zu einer Behausung Gottes im Geist.

Kapitel 3:

Ich habe Freimütigkeit und Zugang in Zuversicht durch den Glauben an Ihn.

Kapitel 4:

Mir ist die Gnade nach dem Maß der Gnade Christi gegeben worden.

Kapitel 5:

Ich bin Licht.

Philipper

Kapitel 3:

Ich habe ein Bürgerrecht im Himmel.
Ich vermag alles in dem, der mich kräftigt.
Ich bekomme alle meine Bedürfnisse erfüllt.

Kolosser

Kapitel 1:

Ich habe eine Hoffnung, die im Himmel für mich aufbewahrt ist.
Ich bin gekräftigt mit aller Kraft nach der Macht Seiner Herrlichkeit.
Ich bin fähig gemacht zum Anteil am Erbe der Heiligen im Licht.
Ich bin errettet aus der Macht der Finsternis und versetzt in das Reich des Sohnes Seiner Liebe.
Ich habe die Erlösung, die Vergebung der Sünden.
Ich bin versöhnt in dem Leib Seines Fleisches durch den Tod, damit ich heilig und tadellos und unsträflich vor Ihm hingestellt werde.

Kapitel 2:

Ich bin zur Fülle gebracht.
Ich bin beschnitten.
Ich bin mit begraben, mit auferweckt und mit lebendig gemacht, indem Gott alle Vergehungen vergeben hat.
Ich habe keinen Schuldschein mehr, der gegen mich gerichtet ist.
Ich bin mit Christus den Elementen der Welt gestorben.

Kapitel 3:

Ich bin gestorben und mein Leben ist verborgen mit Christus in Gott.
Ich bin dazu berufen, dass der Friede Christi in meinem Herzen regiere.

2. Timotheus

Kapitel 1:

Ich habe einen Geist der Kraft, Liebe und Zucht empfangen, nicht der Furcht.
Ich bin errettet und berufen mit einem heiligen Ruf.
Ich werde verfolgt werden.

Titus

Kapitel 2:

Ich werde von der Gnade unterwiesen.
Ich bin reichlich mit Heiligem Geist erfüllt.
Ich bin gerechtfertigt durch Seine Gnade, Erbe nach der Hoffnung des ewigen Lebens.

Hebräer

Kapitel 4:

Ich gehe in die Ruhe ein.
Ich habe einen großen Hohepriester, der Mitleid hat mit meinen Schwachheiten.

Kapitel 6:

Gott ist nicht ungerecht, mein Werk zu vergessen, und die Liebe, die ich zu Seinem Namen bewiesen habe.
Ich habe einen sicheren und festen Anker der Seele, der in das Innere des Vorhangs hineinreicht.

Kapitel 9:

Ich habe eine ewige Erlösung.
Das Blut des Christus reinigt mein Gewissen von toten Werken, damit ich dem lebendigen Gott diene.

Kapitel 10:

Ich bin geheiligt.
Ich habe Freimütigkeit zum Eintritt in das Heiligtum.

Kapitel 12:

Ich habe im Kampf gegen die Sünde noch nicht bis aufs Blut widerstanden.

Kapitel 13:

Gott gibt mich nicht auf und verlässt mich nicht.

1. Petrus

Kapitel 1:

Ich bin wiedergeboren zu einer lebendigen Hoffnung, zu einem unvergänglichen und unbefleckten und unverwelklichen Erbteil, das in den Himmeln aufbewahrt ist für mich.
Ich juble in der Versuchung.
Ich liebe Jesus und glaube an Ihn.
Ich juble über Jesus in unaussprechlicher und verherrlichter Freude.
Ich bin nicht mit vergänglichen Dingen, mit Silber und Gold erlöst worden, sondern mit dem kostbaren Blut Christi als eines Lammes ohne Fehler und Flecken.
Ich habe meine Seele durch den Gehorsam gegen die Wahrheit zur ungeheuchelten Bruderliebe gereinigt.
Ich bin wiedergeboren aus unvergänglichem Samen durch das lebendige und bleibende Wort Gottes.

Kapitel 2:

Ich gehöre zu einem auserwählten Geschlecht, einem königlichen Priestertum, einer heiligen Nation, einem Volk zum Besitztum.
Ich bin den Sünden abgestorben und lebe der Gerechtigkeit.
Ich bin geheilt.

2. Petrus

Kapitel 1:

Ich habe alles zum Leben und zur Gottseligkeit geschenkt bekommen. Ich habe die größten und kostbarsten Verheißungen geschenkt bekommen, damit ich durch sie Teilhaber der göttlichen Natur werde.

1. Johannes

Kapitel 2:

Ich habe Sündenvergebung.
Ich habe den Bösen überwunden.
Ich bin stark, weil das Wort Gottes in mir bleibt und ich den Bösen überwunden habe.
Ich habe die Salbung von dem Heiligen und das Wissen.
Ich kenne die Wahrheit und weiß, dass keine Lüge aus der Wahrheit ist.
Ich habe die Salbung bleibend in mir und ich habe nicht nötig, dass mich jemand belehrt.

Kapitel 3:

Ich bin ein Kind Gottes.
Ich tue keine Sünde, denn Sein Same bleibt in mir und ich kann nicht sündigen, weil ich aus Ihm geboren bin.
Ich bin aus dem Tod in das Leben übergegangen, weil ich die Brüder liebe.

Kapitel 4:

Ich bin aus Gott und habe die Welt überwunden.
Ich habe erkannt und geglaubt die Liebe, die Gott zu mir hat.
Ich habe Freimütigkeit am Tag des Gerichts, denn wie Er ist, bin auch ich in dieser Welt.
Ich liebe, weil Er mich zuerst geliebt hat.

Kapitel 5:

Ich bin aus Gott geboren und liebe Jesus Christus.
Ich habe Glauben, der die Welt überwunden hat.
Ich habe das Zeugnis in mir.
Ich habe das ewige Leben.
Ich sündige nicht, bin von Gott bewahrt und der Böse tastet mich nicht an.
Ich habe Verständnis bekommen, damit ich den Wahrhaftigen erkenne.

Verfasser unbekannt

Gottes Haus – Der Ermutigungsdienst

Gottes Haus – Der Ermutigungsdienst ist ein gemeinnütziges, überkonfessionelles, christliches Werk mit einem Herzen für Menschen, die mehr von Gott empfangen wollen.

Unsere Beiträge zur Ermutigung sind auferbauend, positiv, glaubensstärkend und immer auf Jesus hinweisend.
Unser Hauptthema ist: **Gott hat mehr für dich!**

Der Herr will uns erlösen, befreien, heilen, beschenken, versorgen, segnen und uns ganz real begegnen. Wir dürfen und können aus unserer persönlichen Wüste heraus- und in die alle Lebensbereiche umfassende Fülle Gottes hineinkommen.

Der Fokus unserer Arbeit liegt deshalb darauf, Menschen zu ermutigen, ihren Blick wieder auf Jesus zu richten und sein Eingreifen konkret in ihrem gesamten Leben zu erwarten – in Geist, Seele und Körper.

Dem übernatürlichen Wirken des Heiligen Geistes geben wir in unserem Dienst und unserer Arbeit allen Freiraum.
Unser Verlangen ist, dass unsere *„Predigt nicht in überredenden Worten der Weisheit besteht, sondern in Erweisung des Geistes und der Kraft, damit euer Glaube nicht auf Menschenweisheit, sondern auf Gottes Kraft beruhe"*.

(1. Korinther 2,4-5)

Unsere Verkündigung basiert auf der Bibel als dem inspirierten, einzig unfehlbaren und souveränen Wort Gottes. Wir glauben daran, dass die Heilige Schrift auch heute noch der ideale Leitfaden für alle Belange des Lebens ist.

Video-Message auf www.gottes-haus.de

Kurze, prägnante und motivierende Ermutigung für dich, mehrmals pro Woche

Online-Newsletter

Bestelle den Online-Newsletter per E-Mail von Gottes Haus und lass dich mehrmals pro Woche neu ermutigen und inspirieren!
www.gottes-haus.de/top-menu/newsletter

Gott hat mehr für dich!

Der Gottes Haus-Freundesbrief per Post
www.gottes-haus.de/post

Biblische Wahrheiten

die dir wirklich weiterhelfen:
www.gottes-haus.de/
specials/was-dir-wirklich-hilft

Video-Seminare

Lehr- und Predigtvideos zu wichtigen Themen:
www.gottes-haus.de/
specials/video-seminare

Wir beten für dich

Sprich dein Gebet auf den Gottes-Haus-Anrufbeantworter oder sende uns eine E-Mail. Das Team von Gottes Haus betet gerne für dich. Wir haben bereits wunderbare Rückmeldungen erhalten, u. a. bei Anliegen für Gesundheit, familiäre Beziehungen, Kinderwunsch, geschäftliche Aufträge …

Bete mit uns

Gebetsclips zum persönlichen Mitbeten für verschiedene Lebenssituationen und Nöte, auch zum Weiterempfehlen für Menschen in schwierigen Lebensphasen:
www.gottes-haus.de/specials/bete-mit-uns

www.facebook.com/
GottesHaus

www.youtube.com/
gotteshausde

ISBN 978-3-943033-13-7

ISBN 978-3-943033-14-4

Gott und Deutschland

Warum die Situation der Christenheit in Deutschland so ist wie sie ist … und warum sie sich dramatisch verändern wird

Im ersten Teil „Ein Land wie kein zweites“ bietet dieses Buch einen historischen Rückblick auf die Ereignisse, die die Christenheit in Deutschland im 20. Jahrhundert bis heute entscheidend geprägt haben. Es waren Ereignisse von dramatischer Tragweite, welche die Tragödien der deutschen Geschichte im letzten Jahrhundert entscheidend mitverursacht haben.

Im zweiten Teil „Was Gott uns verheißt …“ geht es um eine Vorausschau. Hunderte von prophetischen Aussagen über eine kommende Bewegung Gottes – gerade auch für die deutschsprachigen Nationen – beschreiben massive Veränderungen, die auf uns zukommen.

Gott verheißt, Gewaltiges in unserer Mitte zu tun ... und das trotz der deutschen Geschichte.

224 Seiten, Paperback
ISBN: 978-3-943033-10-6

Mehr Infos:
www.gottes-haus.de/specials/gott-und-deutschland

Deutschland ... um Gottes Willen!

Was auf die Christenheit zukommt …
unaufhaltsam, unabwendbar, unwiderstehlich

Die Situation der Christenheit in Deutschland wird sich in den vor uns liegenden Jahren dramatisch wandeln ... und es hat bereits begonnen.

Martin gibt in diesem Buch zahlreiche erstaunliche prophetische Zusagen weiter. Denn Prophetie hilft uns, Entwicklungen aus dem richtigen Blickwinkel – nämlich der Sichtweise Gottes – heraus zu verstehen und zu beurteilen. Und dies geht unermesslich weit über den beschränkten menschlichen Intellekt und das, was wir mit unseren natürlichen Augen sehen können, hinaus.

224 Seiten, Paperback
ISBN: 978-3-943033-16-8

Mehr Infos:
www.gottes-haus.de/specials/
deutschland-um-gottes-willen

Gottes-Haus-Shop

www.gottes-haus.de/shop

Die 7 Feste der Bibel und ihr Geheimnis

inklusive Schautafel „Der biblische Jahreskreislauf“ (DIN A4)

Eine ermutigende Buchserie zu einem faszinierenden und prophetischen Thema. Die Abfolge der 7 biblischen Feste beinhaltet die komplette Heilsgeschichte und ermöglicht einen faszinierenden Einblick in die großen Pläne Gottes.

Die ersten vier Feste sprechen von dem, was historisch bereits geschehen ist: das erste Kommen Jesu als der leidende Messias, die Auferstehung und die Sendung des Heiligen Geistes zu Pfingsten.

Aber es geht weiter: Jesus wird auch die noch ausstehenden biblischen Feste erfüllen. Sie weisen auf die vor uns liegende Zukunft hin, auf die Wiederkunft des Herrn als königlicher Messias ... und auf das, was danach kommen wird.

Die tiefe prophetische und heilsgeschichtliche Bedeutung der biblischen Feste wird in eindrücklicher Weise nachvollziehbar.

456 Seiten, Paperback, 7 Bände mit Schautafel „Der biblische Jahreskreislauf“ (DIN A4)

ISBN: 978-3-943033-25-0

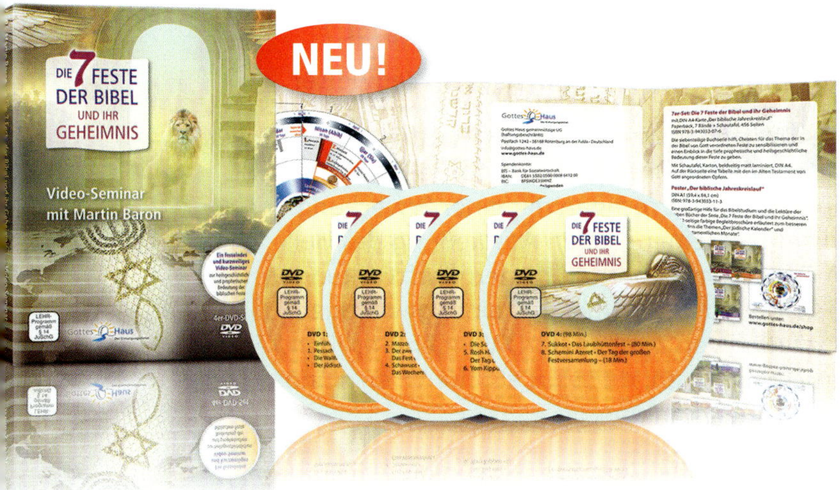

Die 7 Feste der Bibel und ihr Geheimnis

Video-Seminar mit Martin Baron
4er-DVD-Set

Ein fesselndes Video-Seminar, das Einblick in die faszinierende Welt des Beziehungsgeflechtes zwischen Altem und Neuem Testament, zwischen Judentum und christlicher Gemeinde, zwischen rabbinischer Lehre und prophetischer Erfüllung schenkt.

Lehrprogramm, auch für Hauskreise und Kleingruppen geeignet.

DVD 1:
Einführung
1. Pessach • Das Passahfest
Die Wallfahrtsfeste
Der jüdische Kalender

DVD 2:
2. Mazzoth • Das Fest der ungesäuerten Brote
3. Der zweite Pessach-Tag • Das Fest der Erstlingsfrüchte
4. Schawuot • Das Wochenfest (Pfingsten)

DVD 3:
5. Rosh Haschanah • Yom Teruah • Der Tag des Schofarblasens
6. Yom Kippur • Der Versöhnungstag

DVD 4:
7. Sukkot • Das Laubhüttenfest
8. Schemini Azeret • Der Tag der großen Festversammlung

Video-Seminar mit Martin Baron, Gesamtspielzeit: 362 Min.
ISBN: 978-3-943033-17-5

Kostenlos

Ein geistlicher Tsunami

Ein prophetischer Wegweiser

Viele Christen erwarten gemäß Matthäus 13,39 vor der Wiederkunft Jesu eine große Ernte für das Reich Gottes. Sie rechnen mit einer Erweckung der Christenheit, einer großen Ausgießung des Heiligen Geistes, mit übernatürlichen Kraftwirkungen wie zur Zeit der Urgemeinde, einer gewaltigen Freisetzung von Zeichen und Wundern, großen Menschenscharen, die Jesus als ihren Herrn und Retter annehmen usw.

Die prophetischen Aussagen, die in diese Richtung deuten, verdichten sich seit einigen Jahren drastisch. Eine kleine Auswahl der prophetischen Hinweise zum kommenden Wirken Gottes – auch in Deutschland und Mitteleuropa – möchten wir dir hier weitergeben.

Kostenlos

Der Spaziergang

Für deine persönliche Evangelisation – zum Weitergeben an Freunde, Kollegen, Verwandte …

Die ansprechend gestaltete 36-seitige evangelistische Broschüre ist zur Weitergabe an Nichtchristen (beispielsweise aus esoterischem Hintergrund) ebenso geeignet wie für Menschen, die bereits Erfahrungen mit dem Christentum gemacht haben, aber eine neue Berührung Gottes brauchen.

„Der Spaziergang“ beginnt mit einer Kurzgeschichte, die den Leser schnell hineinnimmt und fesselt. Der Hauptteil der Broschüre ist als „klassischer Bekehrungsaufruf“gestaltet einschließlich zwei Übergabegebeten, Tipps für die ersten Schritte im neuen Leben als Christ und einem Entscheidungsformular zum Ausfüllen.

Spende

Menschen brauchen Ermutigung

Gottes Haus braucht deine Unterstützung

Gottes Haus wurde mit einer großen Vision gegründet, erhielt erstaunliche Verheißungen des Herrn und hat deshalb noch sehr viel vor.

Komm in eine Partnerschaft mit Gottes Haus und unterstütze den Dienst von Sigrid und Martin regelmäßig – durch dein Gebet und deine Spende, damit …

- Menschen unserer heutigen Zeit das Wort Gottes in einer für sie wirklich nachvollziehbaren Weise hören und verstehen
- Menschen die Botschaft von Rettung, Wiederherstellung, Heilung und Befreiung hören
- Menschen Gott real begegnen und das empfangen, was er an Segnungen für sie vorbereitet hat
- Menschen, die durch ihre Lebensumstände bedrückt und niedergeschlagen sind, wieder aufgerichtet und neu ermutigt werden
- Menschen neue Motivation, Inspiration und Vision für ihr Leben empfangen
- immer mehr Menschen erfahren: **Gott hat mehr für mich!**

Menschen brauchen Ermutigung

www.gottes-haus.de/spende

Spendenkonto:
BfS – Bank für Sozialwirtschaft

IBAN: DE61 5502 0500 0008 6412 00
BIC: BFSWDE33MNZ